Der Beginn der Industrialisierung in England

- *Adlige/Kaufleute mit großem Reichtum durch Sklavenhandel und Rohstoffe aus Kolonien*
- ▶ *finanzieren teilweise Wettbewerbe*

Jethro Tull

Erfindungen/Neue Geräte

- *Dampfmaschine (J. Watt) 1769*
- *Sämaschine (J. Tull)*
- *„Spinning Jenny" (J. Hargreaves) 1764*
- *Dampflokomotive (G. Stephenson) 1825*

→ mehr Produktion/mehr Güter/ mehr Transportmöglichkeiten

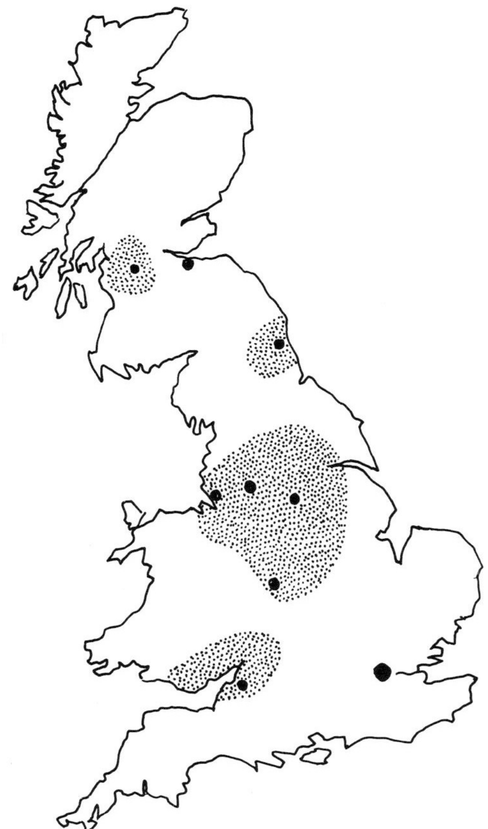

James Watt

- *Wachstum der Städte*
- *Entstehen von Fabriken*
- *Abhängigkeit vieler Menschen von der Industrie*
- *Veränderung der Mentalität*
- *Einfluss der Religion*

- *bessere Ernährung (Kartoffel, Erbse, Tomate)*
- *bessere Hygiene*
- *bessere medizinische Versorgung*

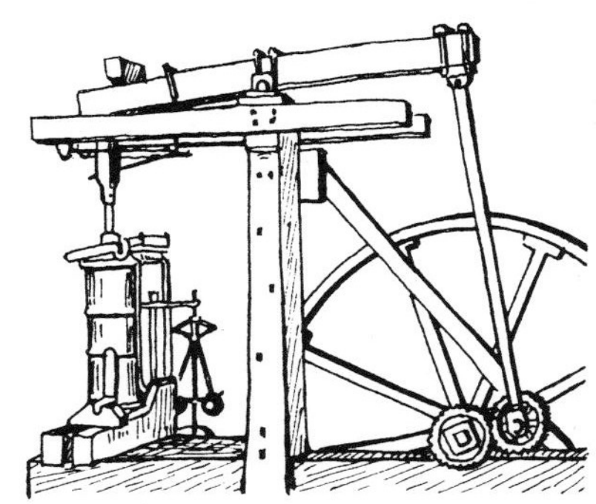

Der Beginn der Industrialisierung in England

–

Jethro Tull

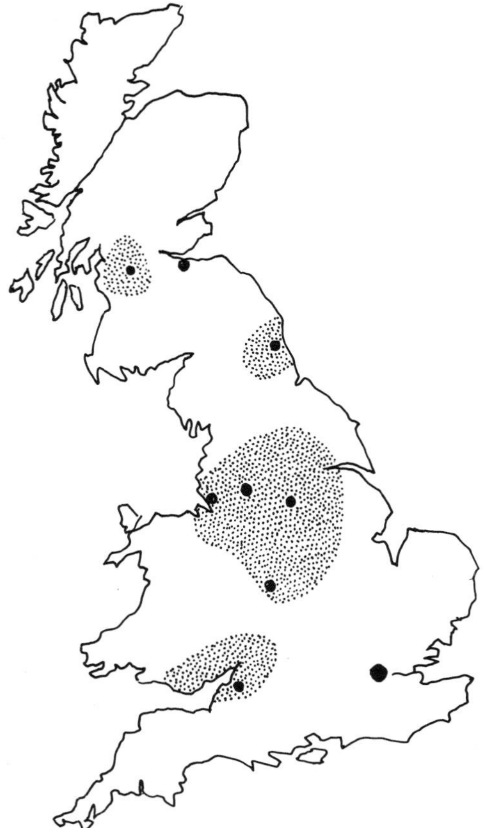

–
–
–
–
–

–
–
–

Erfindungen/Neue Geräte

–
–
–
–

James Watt

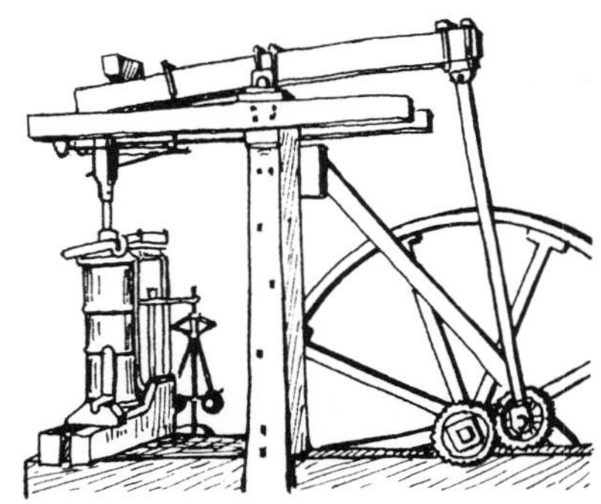

Wie begann die Industrialisierung in Deutschland?

Ausgangslage:
- *Deutscher Bund: viele Einzelstaaten*
- *keine Kolonien (keine Rohstoffe)*
- *unterschiedliche Währungen, Maße, Gewichte, Zölle*

→ kein einheitlicher Wirtschaftsraum

▶

Verhandlungen unter preußischer Führung

▼

1. Januar 1834: Deutscher Zollverein:
- *einheitliches Münz-, Maß- und Gewichtssystem*
- *freie Wahl des Arbeitsplatzes*

▼

- *Ausbau der Verkehrswege*

(1835 erste Eisenbahn: Nürnberg–Fürth)

→ wirtschaftliche Triebfeder (Stahlindustrie, Bahnbau etc.)

▼

starkes Wirtschaftswachstum/
Beginn der Industrialisierung in Deutschland

Wie begann die Industrialisierung in Deutschland?

Ausgangslage: – ____________________

– ____________________

– ____________________

____

Wie veränderte die Industrialisierung die Gesellschaft? 3

Vor der Industrialisierung:

Ständegesellschaft; Eigentum, Grund und Boden = Führungsanspruch

Verwaltungsarbeit: Angestellte (Anzug, weißes Hemd)

Wachstum der Fabriken

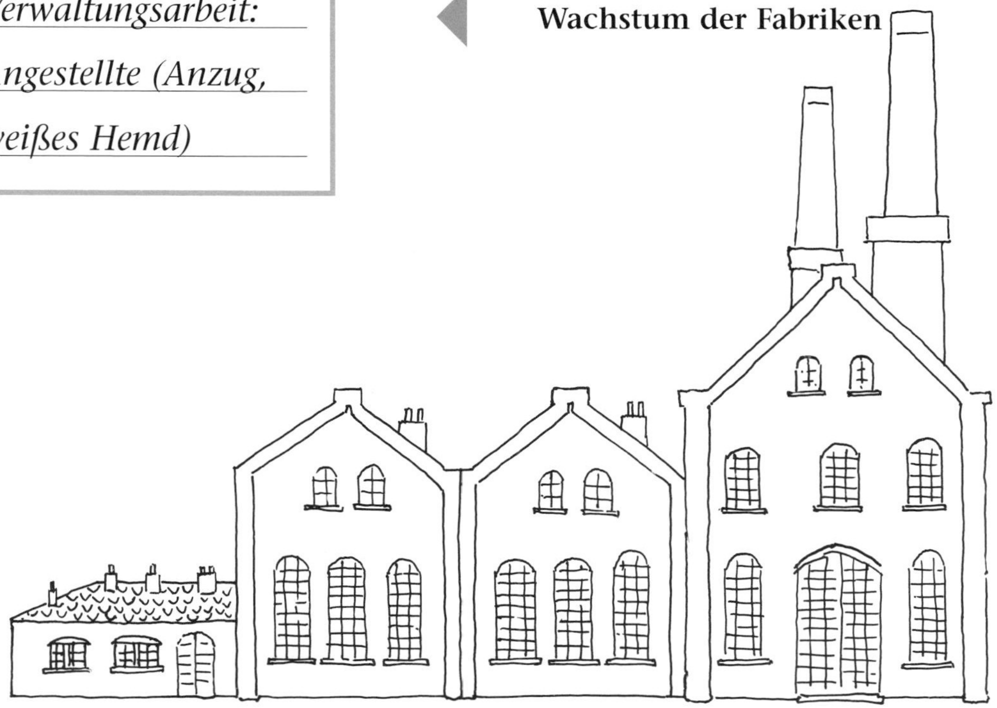

Kapital als neue „Machtgrundlage“: Unternehmer als Industriefürsten

Arbeiter

(= Proletarier, einziger Besitz: Arbeitskraft)

- *gelernte Handwerker, ungelernte Tagelöhner, Angelernte*
- *oft schlechte Arbeitsbedingungen (Lärm, niedriger Lohn, Unfallgefahren …)*
- *„Knechte der Maschine“*

Wachstum der Städte: *Landbevölkerung in die Städte (Arbeitssuche) → Wohnraummangel: Elendsquartiere, Mietskasernen*

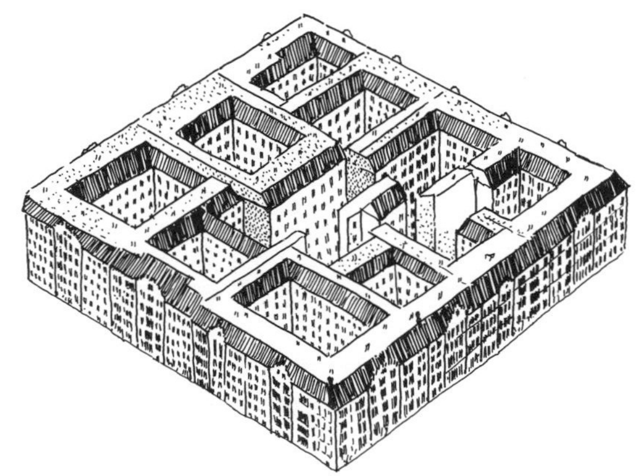

Wie veränderte die Industrialisierung die Gesellschaft? 3

Vor der Industrialisierung:

____

____

Wachstum der Fabriken

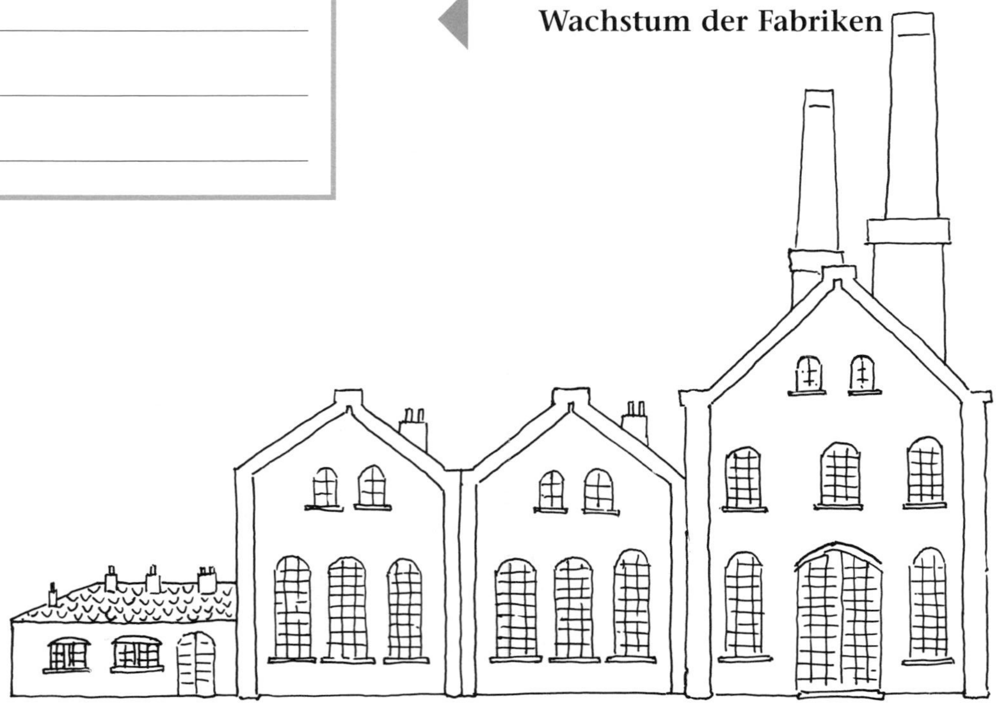

Wachstum der Städte: ________________

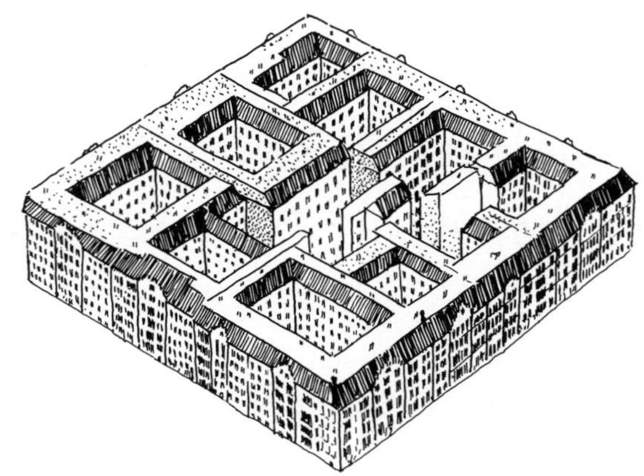

Frauen- und Kinderarbeit – die düstere Seite des Fortschritts 4

Arbeitsbedingungen

- *Arbeit ab 6. Lebensjahr*
- *lange Arbeitszeiten*
- *geringer Lohn*
- *Gefahren für die Gesundheit: schwere körperliche Arbeit (z. B. im Bergwerk), Lärm, Staub (z. B. Spinnerei), Feuchtigkeit, Unfälle*

Gründe

- *zu geringer Verdienst des Mannes*
- *Kinder/Frauen als billige Arbeitskräfte („Konkurrenzfähigkeit auf dem Weltmarkt“)*
- *Fingerfertigkeit/körperliche Voraussetzungen (Bergwerk)*

Auswirkungen

- *Krankheiten/Gesundheitsschäden (geringere Lebenserwartung)*
- *schlechte Bildung*
- *zerrüttetes Familienleben (Zeitmangel, Alkohol …)*
- *Mehrfachbelastung der Frau (Arbeiterin, Ehefrau, Haushalt, Mutter …)*

ab 1839/40 schrittweise Einschränkung der Kinderarbeit (u. a. militärische Gründe/„Tauglichkeit“)

Frauen- und Kinderarbeit – die düstere Seite des Fortschritts 4

Arbeitsbedingungen

–
–
–
–

Gründe

–
–
–

Auswirkungen

–
–
–
–

Wer löst die „soziale Frage"?

Verarmung großer Teile der Bevölkerung ▶ Maßnahmen

Kirche

- *Papst Leo XIII.:*
  Mahnung an Arbeitgeber:
  „Jedem das Seine"
  → Gerechtigkeit
- *J. H. v. Wichern: „Rauhes Haus"*
- *A. Kolping: Kolpinghäuser*

Unternehmen

- *E. Abbe; A. Borsig; A. Krupp:*
  Einführung von Betriebskrankenkassen, Pensionskassen, Senkung der Arbeitszeit (1900 ca. 8 Std.), Bau von Arbeitersiedlungen u. Schulen

Staat

- *1883 Krankenversicherung*
- *1884 Unfallversicherung*
- *1889 Rentenversicherung*

Arbeiter

- *Arbeitskämpfe*
- *Einrichtung von Streikkassen*
- *Entstehung von Interessensvertretungen (Gewerkschaften)*

nur teilweise Verbesserung der Situation der Arbeiterfamilien

Wer löst die „soziale Frage“?

Maßnahmen

Kirche

–

–

–

Unternehmen

–

Staat

–

–

–

Arbeiter

–

–

–

Revolution oder Reform?

Soziale Frage: *geringe Erfolge der Gewerkschaften → Arbeiter suchen andere Wege*

- *Gründung des „Allgemeinen Deutschen Arbeitervereins" (ADAV, F. Lasalle; 1863)*

Ziele:
- *gleiches Wahlrecht für alle*
- *Lösung der soz. Frage durch den Staat*
- *Verwaltung der Fabriken durch Arbeiter*

Ferdinand Lassalle

- *Gründung der „Sozialdemokratischen Arbeiterpartei" (SDAP; A. Bebel, W. Liebknecht, 1869)*

Ziel: *Revolution*

Wilhelm Liebknecht

1875 Zusammenschluss

„Sozialistische Arbeiterpartei Deutschlands" (ab 1890: SPD)

Programm:
- *allgemeines Wahlrecht mit 20 Jahren*
- *Gesetzgebung durch das Volk*
- *Verbot der Kinderarbeit*
- *Schutzgesetze für Leben/Gesundheit*
- *Produktionsmittel als gesellschaftliches Gemeingut*

August Bebel

- *Manifest der Kommunistischen Partei (1848) K. Marx, F. Engels*

Ziele:
- *Zusammenschluss aller Proletarier*
- *politische Herrschaft der Arbeiter*
- *Abschaffung von Privateigentum an Produktionsmitteln*

Karl Marx

Friedrich Engels

Revolution oder Reform?

Soziale Frage: ____________

– ____________

____

Ziele: – ____________

– ____________

– ____________

Ferdinand Lassalle

– ____________

____

____

____

Ziel: ____________

Wilhelm Liebknecht

____

____

Programm: – ____________

– ____________

– ____________

– ____________

– ____________

August Bebel

– ____________

____

____

Ziele: – ____________

____

– ____________

____

– ____________

____

____

Karl Marx

Friedrich Engels

Wie kam es zur Gründung des Deutschen Kaiserreiches? 7

- 1848 *Scheitern der Revolution*
  → kein deutscher Nationalstaat
- 1862 *Otto von Bismarck wird preußischer Ministerpräsident*
  Ziele: *Erhalt der preußischen Monarchie; Verwirklichung der „kleindeutschen Lösung" unter preußischer Vorherrschaft*
- 1866 *Krieg Preußen/Österreich*
  Sieg bei Königgrätz → Ausscheiden Österreichs aus dem Deutschen Bund → Preußen alleinige Vormacht
- 1867 *Gründung des Norddeutschen Bundes*
  → Frankreich gegen Machtverschiebung zugunsten Preußens
- 1870/71 *Krieg Frankreich/Preußen*
  → nationale Euphorie, „Stunde der Einigung"; gemeinsamer Kampf nord-/süddeutscher Staaten; Niederlage Frankreichs (Verlust von Elsass-Lothringen), Kriegsentschädigungen

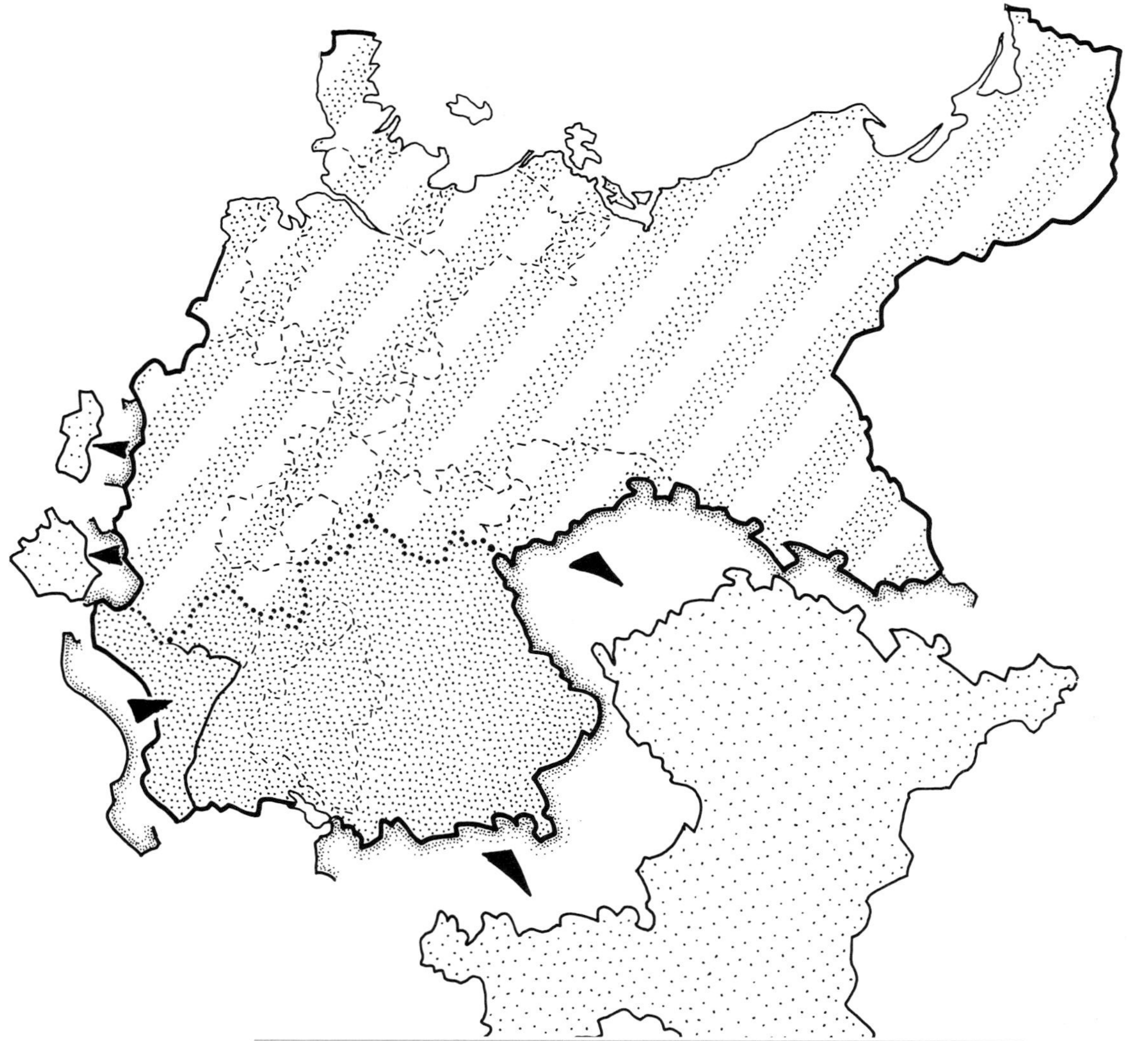

18. Januar 1871: *Ausrufung Wilhelms I. zum Deutschen Kaiser in Versailles*

Wie kam es zur Gründung des Deutschen Kaiserreiches? 7

– 1848 ____________________

____

– 1862 ____________________

____

Ziele: ____________________

____

____

– 1866 ____________________

____

____

– 1867 ____________________

____

____

– 1870/71 ____________________

____

____

____

____

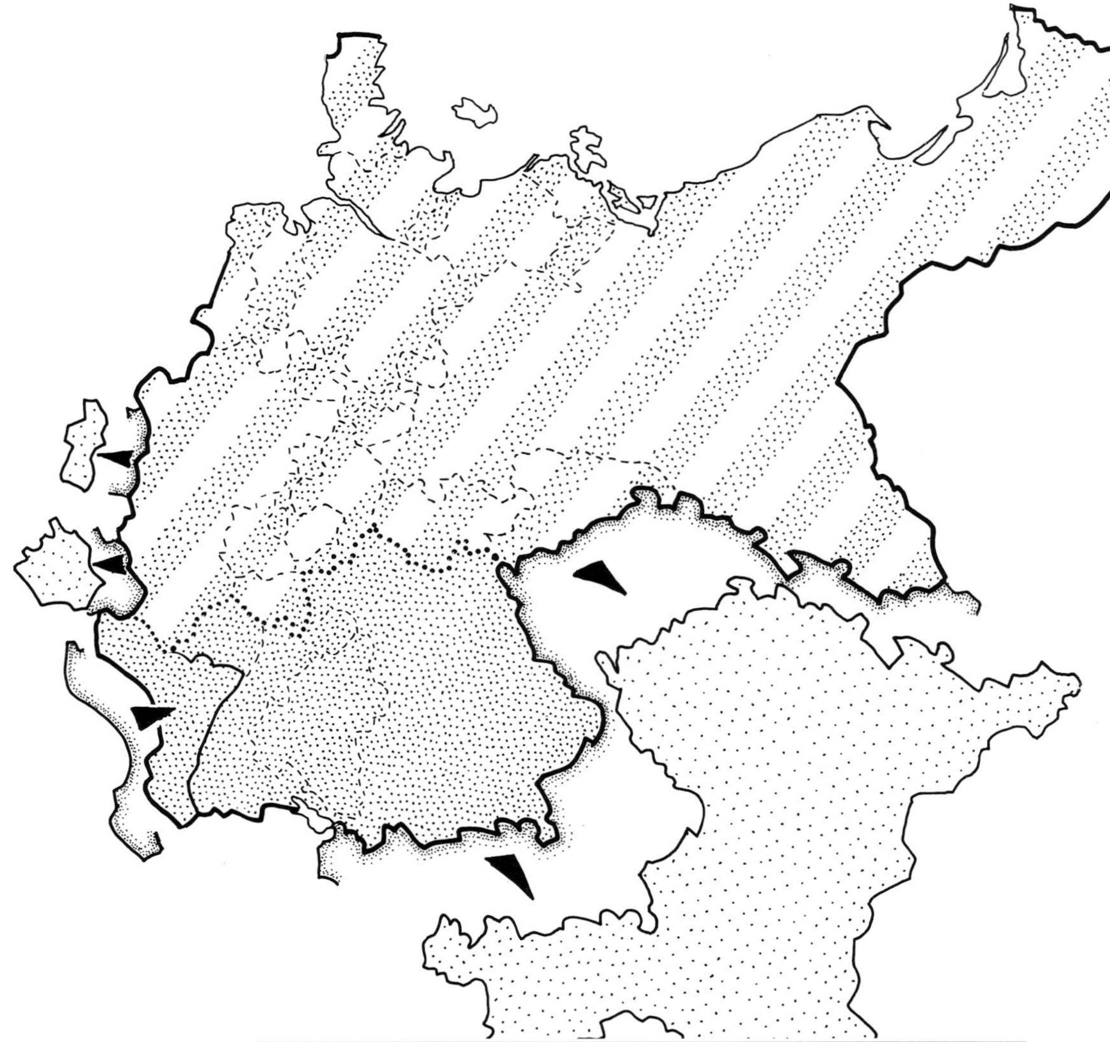

18. Januar 1871: ____________________

____

Wie versuchte Bismarck den Frieden in Europa zu sichern?

– *Nach Reichsgründung/Niederlage Frankreichs harte Friedensbedingungen*

Bismarck: – *keine weiteren Gebietsansprüche*
– *zurückhaltende Kolonialpolitik*
– *Schutz vor Rache Frankreichs/Versöhnung*

Bündnissystem

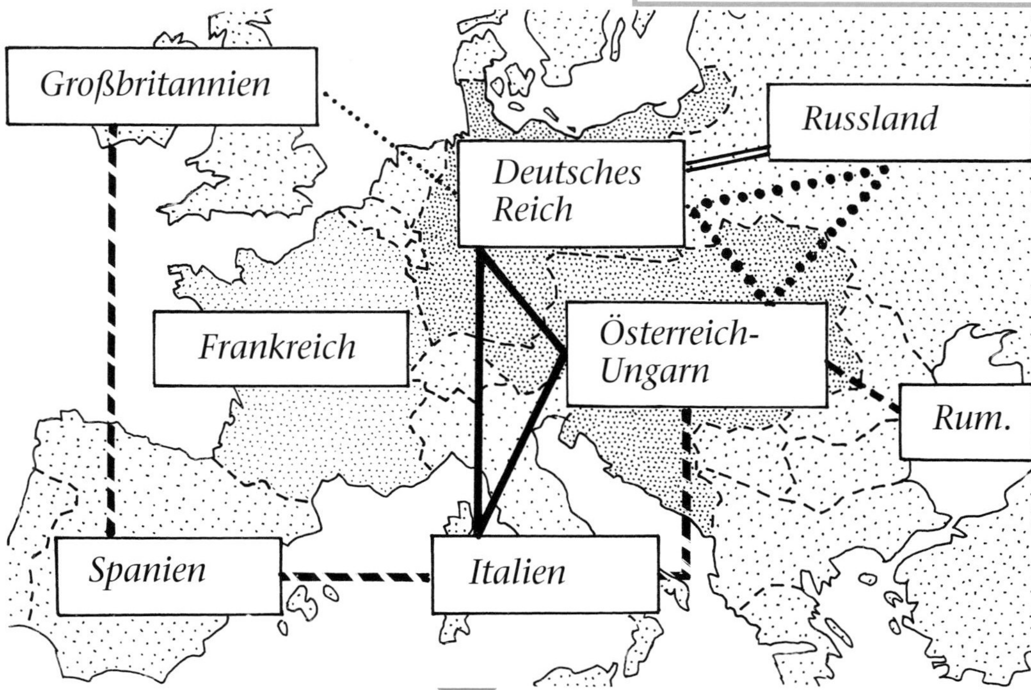

→ *Isolation Frankreichs*
→ *Spannungen mit Kaiser Wilhelm II.*
(1890 Entlassung Bismarcks)

Otto von Bismarck

Wilhelm II., dt. Kaiser

Wie versuchte Bismarck den Frieden in Europa zu sichern? 8

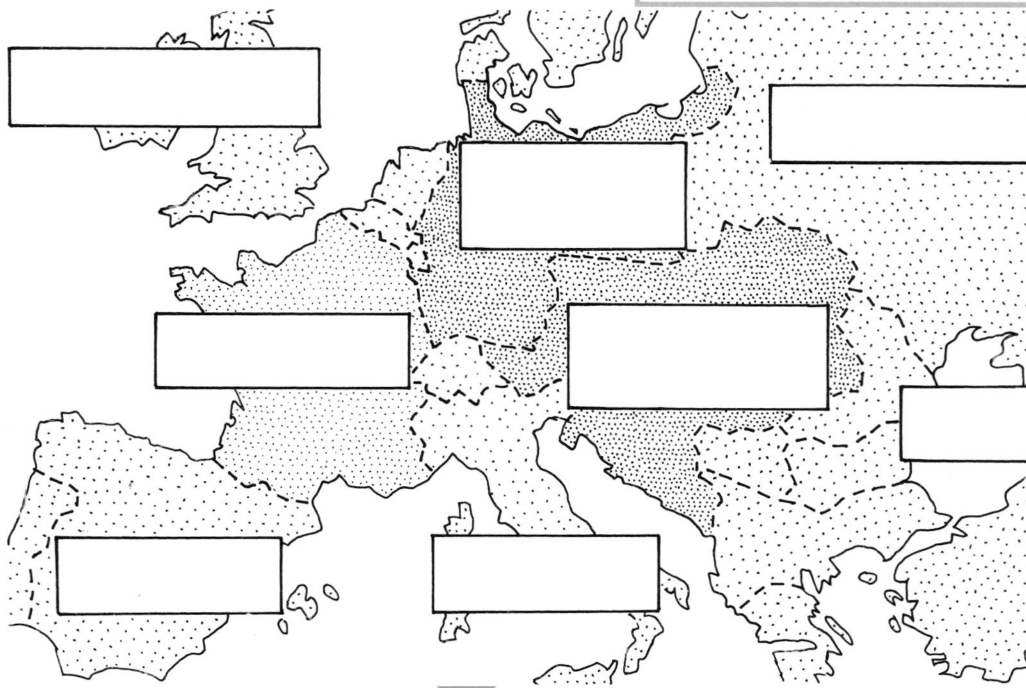

Otto von Bismarck

Wilhelm II., dt. Kaiser

Gesellschaft und Innenpolitik im Kaiserreich

Staat

Verfassung von 1871 als Grundlage:
- *Preußen = Vormacht (preußischer König = Kaiser), Bundesrat unter preußischem Einfluss*
- *starke Stellung des Kaisers ↔ schwacher Reichstag*
- *kein Wahlrecht für Frauen*

„Gegner“ des Staates
- *Sozialdemokratie („Zuckerbrot und Peitsche“)*
- *Kirche (Kulturkampf, Kanzelparagraf, staatliche Eheschließung)*
- *Frauenbewegung Forderungen: Wahlrecht, gleiche Löhne, gleiche Bildungschancen*

Träger des Staates
- *Kaiser/Adel/Militär als Leitbild → Bürger übernehmen militärische Denkweise*
- *Schulen als vormilitärische Einrichtung: Disziplin, Gehorsam, Patriotismus, Kaisertreue*

Der Soldat ist der schönste Mann im ganzen Staat.

Gesellschaft und Innenpolitik im Kaiserreich

Staat

–

–

–

„Gegner“ des Staates

–

–

–

Träger des Staates

–

–

Der Wettlauf um die Aufteilung der Welt

Grundlagen und Motive

Wirtschaftliche Gründe:

- *Kolonien als Absatzmärkte und Rohstofflieferanten*

Politische Motive:

- *Streben nach militärischer und politischer Vorherrschaft*
- *Außenpolitische Erfolge als Ausgleich für innenpolitische Spannungen*

Ideologische Antriebskräfte:

- *übersteigerter Nationalstolz*
- *Glaube an die Überlegenheit der weißen Rasse und der westlichen Kultur*

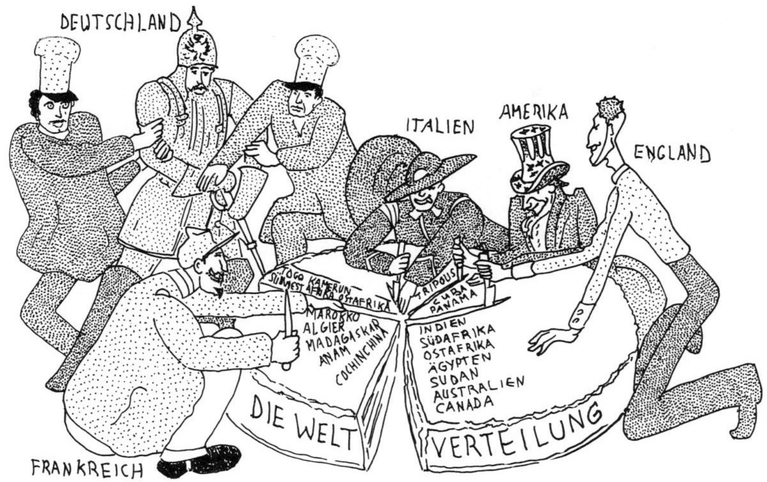

Afrika – ein Kontinent wird verteilt

Großbritannien: *„Vom Kap bis Kairo“*

Frankreich: *West-Ost-Achse*

Deutschland: *„Ein Platz an der Sonne“*

Deutsch-Südwestafrika,

Togo,

Kamerun,

Deutsch-Ostafrika

Folgen der imperialistischen Politik

Berliner Afrika-Konferenz:

- *„Generalakte“ mit Richtlinien für den Erwerb von Kolonien*

Krisen in Afrika und Asien:

- *1898 Faschoda*
- *1900 Boxeraufstand in China*
- *1904/05 russisch-japanischer Krieg*
- *1905/06 und 1911 Marokko-Krisen*

Haager Friedenskonferenz (1899/1907):

- *Versuch der Begrenzung des Wettrüstens*
- *Plan eines internationalen Schiedsgerichtshofs*

→ beide Vorhaben scheitern

Imperialismus
Definition:
Das Streben von Großmächten nach wirtschaftlicher, politischer und militärischer Vorherrschaft

Der Wettlauf um die Aufteilung der Welt

Grundlagen und Motive

Wirtschaftliche Gründe:

– ______________________________

____

Politische Motive:

– ______________________________

____

– ______________________________

____

____

Ideologische Antriebskräfte:

– ______________________________

– ______________________________

____

____

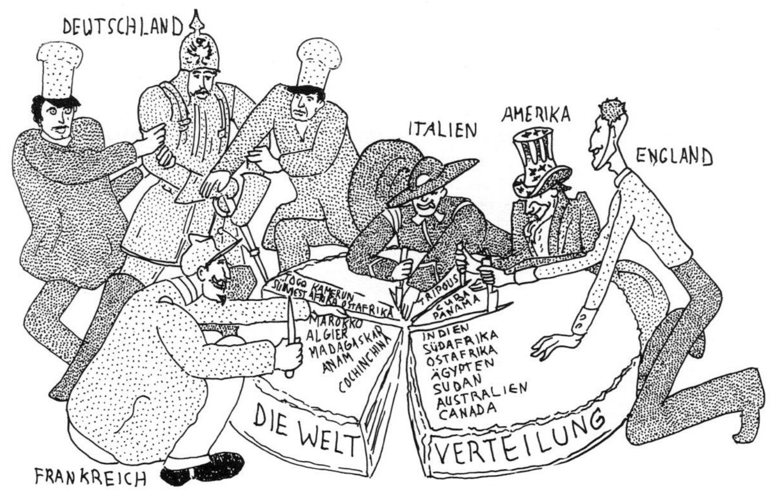

Afrika – ein Kontinent wird verteilt

Großbritannien: ______________________________

Frankreich: ______________________________

Deutschland: ______________________________

____

____

____

____

Folgen der imperialistischen Politik

Berliner Afrika-Konferenz:

– ______________________________

____

Krisen in Afrika und Asien:

– ______________________________

– ______________________________

– ______________________________

– ______________________________

Haager Friedenskonferenz (1899/1907):

– ______________________________

____

– ______________________________

____

____

Imperialismus
Definition:
Das Streben von Großmächten nach wirtschaftlicher, politischer und militärischer Vorherrschaft

Kolonialpolitik und ihre Folgen

Kolonialpolitik am Beispiel Deutsch-Südwestafrikas (= Namibia)

Gründung und Verwaltung

- *Erwerbung des Kaufmanns Lüderitz*
- *1884 erste deutsche Kolonie*
- *Enteignung der dort lebenden Stämme der Hereros und Namas*
- *Gewaltsame Übergriffe der Schutztruppen und Kolonialherren*

Der Hereroaufstand (1904–07)

- *Zerstörung des Lebens- und Wirtschaftsraumes der Hereros und Namas*
- *Kriegserklärung der Stämme an die Deutschen*
- *Vernichtungsfeldzug des Generals von Trotha*
- *Von 80.000 Hereros überleben 16.000*

Folgen für die Kolonien

Wirtschaftliche Abhängigkeit

- *Zerstörung der einheimischen Wirtschaft*
- *Kein Aufbau einer Warenproduktion*
- *Ausbeutung der Eingeborenen als billige Arbeitskräfte*

Raubbau an der Natur

- *Errichtung von Monokulturen*
- *Abbau der vorhandenen Rohstoffe*

Zerstörung der Kultur der afrikanischen Stämme

- *Verdrängung der traditionellen Lebensweise*
- *Durchsetzung des westlichen Lebensstils, neue Wertvorstellungen*
- *Anpassung als Voraussetzung für gesellschaftlichen Aufstieg*

Kolonialpolitik und ihre Folgen

Kolonialpolitik am Beispiel Deutsch-Südwestafrikas (= Namibia)

Gründung und Verwaltung

– ______________________

– ______________________

– ______________________

____

____

– ______________________

____

Der Hereroaufstand (1904–07)

– ______________________

____

– ______________________

____

– ______________________

____

– ______________________

Folgen für die Kolonien

Wirtschaftliche Abhängigkeit

– ______________________

____

– ______________________

– ______________________

____

Raubbau an der Natur

– ______________________

– ______________________

Zerstörung der Kultur der afrikanischen Stämme

– ______________________

____

– ______________________

____

– ______________________

____

Europa vor dem Ersten Weltkrieg

Deutschlands „Neuer Kurs“ in der Außenpolitik

Weltmachtpolitik statt Friedenssicherung

- *Kolonialpolitik*
- *Ausbau der Hochseeflotte*
- *Abkehr vom Bismarckschen Bündnissystem*

Neue Blockbildung in Europa

- *Frankreich tritt aus seiner Isolation heraus*
- *1894 Bündnis zwischen Frankreich und Russland*
- *1904 Entente cordiale* (F, Gr)
- *1907 Triple Entente* (F, Gr, R)
- *1902 ital.-franz. Bündnis*
- *allgemeines Wettrüsten*

Unabhängigkeitsbestrebungen auf dem Balkan

- *verschiedene slawische Völker mit unterschiedlichen konfessionellen und kulturellen Entwicklungen*
- *Fremdherrschaft des Osmanischen Reiches und Österreichs*
  - → *aufkommender Nationalismus*
  - → *panslawistische Bewegung*

„Pulverfass Balkan“

Der Berliner Kongress 1878

- *Versuch der europäischen Großmächte, den Balkan zu befrieden*
- *vorrangiges Ziel: Wahrung der eigenen Großmachtinteressen*
  - → *keine dauerhafte Konfliktlösung für die Balkanvölker*
  - → *österreichisch-russischer Konflikt*

Krisen und Kriege seit 1900

- *1908 Annexion Bosnien-Herzegowinas durch Österreich*
- *1912/1913 Balkankriege*
- *Zurückdrängung der Osmanen*
- *Neuordnung der Balkanstaaten*
- *österreichisch-serbischer Konflikt*

Europa vor dem Ersten Weltkrieg

Deutschlands „Neuer Kurs" in der Außenpolitik

Weltmachtpolitik statt Friedenssicherung

– ______
– ______
– ______
______

„Pulverfass Balkan"

Der Berliner Kongress 1878

– ______
______
– ______
______
______
______
______

Neue Blockbildung in Europa

– ______
______
– ______
______
– ______
– ______
– ______
– ______

Unabhängigkeitsbestrebungen auf dem Balkan

– ______
______
______
– ______
______
______
______

Krisen und Kriege seit 1900

– ______
______
– ______
– ______
– ______
– ______

Das Pulverfass explodiert

Das Pulver – die Ursachen

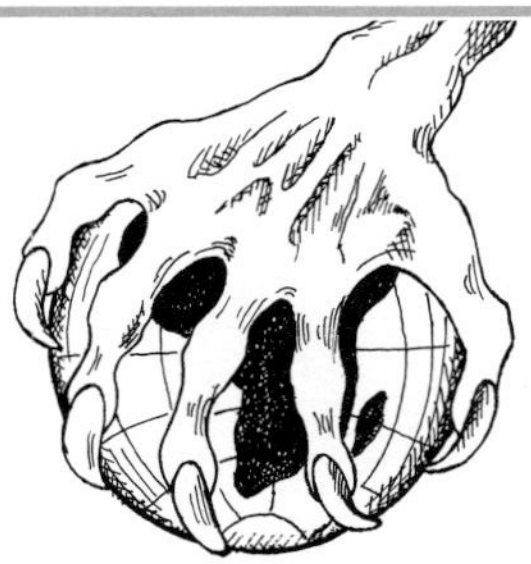

- *Imperialismus*
- *Wettrüsten*
- *Abkehr vom europäischen Bündnissystem*
- *Marokkokrisen, Balkankrise*

Der Funke – der Anlass

Mord in Sarajewo

- *28.06.1914 Mord am österreichischen Thronfolgerpaar*
  → Konflikt Österreich-Ungarn ↔ Serbien
- *Verstreichen des Ultimatums von Österreich-Ungarn an Serbien zur Bestrafung der Attentäter*
- *28.07.1914 Kriegserklärung von Österreich-Ungarn an Serbien*
  → Deutschland stellt Österreich-Ungarn die „Blankovollmacht" aus = bedingungslose Unterstützung des Bündnispartners
  → Russland steht zu Serbien, gescheiterte Vermittlung Großbritanniens

Kriegsziele

- *Deutschland: Gebietsgewinne im Westen, Kolonien → überzogene Vorstellungen*
- *Großbritannien/Russland/Frankreich: Ausschalten des Kriegsgegners Deutschland*
- *Österreich-Ungarn als Kriegsauslöser im Hintergrund*

Kriegsbegeisterung

- *Julikrise: gegenseitige Mobilmachungen, Kriegserklärungen*
  → Ausweitung zum europäischen Krieg
- *viele Kriegsfreiwillige; Glaube an den „gerechten" Krieg*
- *gegenseitige Schuldzuweisungen*

Das Pulverfass explodiert

Das Pulver – die Ursachen

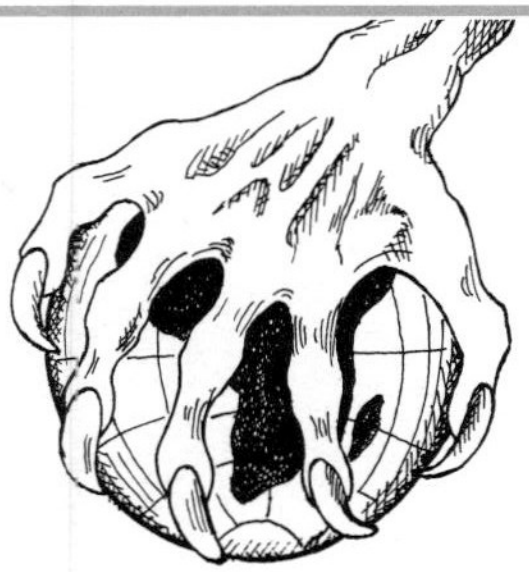

–

–

–

–

Der Funke – der Anlass

–

–

–

Kriegsziele

–

–

–

Kriegsbegeisterung

–

–

–

Der Kriegsbegeisterung folgt die Ernüchterung des Krieges 14

Westfront

- *1914 deutscher Einfall in Frankreich durch das neutrale Belgien*
- *Scheitern des Schlieffenplans*
- *Truppenabzug schwächt den deutschen Vormarsch → „Wunder an der Marne“*
- *ab 1915 Stellungskrieg in Schützengräben*
- *1916 schwere Verluste auf beiden Seiten in der „Hölle von Verdun“*

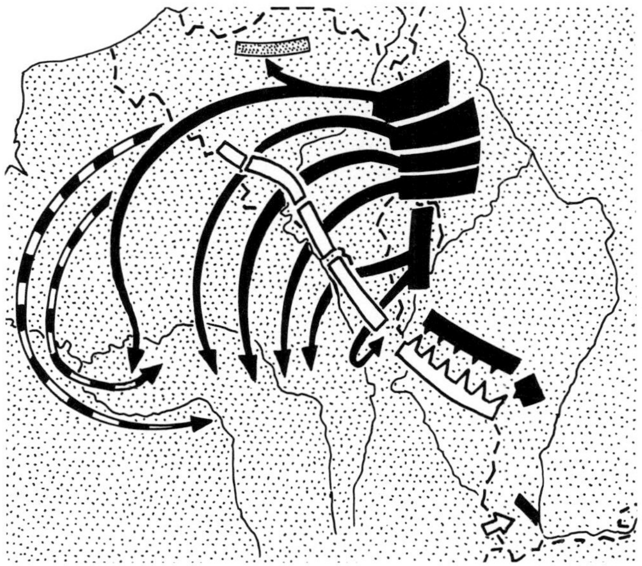

Ludwigsburg, Datum des Poststempels

Trauer-Anzeige.

Tief erschüttert machen wir die traurige Mitteilung, dass unser

letzter Brotlaib

im Alter von 3 Tagen heute früh aufgegessen wurde.
Die trauernden Hinterbliebenden bitten um eine Brotmarke.

In tiefer Trauer:

Der Vater: Josef **Hunger**
Die Mutter: Anna **Hunger** geb. Kohldampf
Der Onkel: Anton **Wenigfleisch**
Die Tanten: Emma **Schmalhans**, Rosa **Mehlnot.**

In der Heimat

- *Nahrungsmangel, Verteilen von Lebensmittelkarten*
- *Fabrikarbeit durch Frauen und Kinder*
- *Spenden- u. Sammlungsaufrufe zur Linderung der Not*
  → verzweifelte Lage der Bevölkerung
  → Auch Kriegsgewinnler

Ostfront

- *Anfangserfolge der Obersten Heeresleitung (Tannenberg)*
- *ab 1915 Stellungskrieg*
- *neue Waffen, „Materialschlachten“ fordern unzählige Opfer*

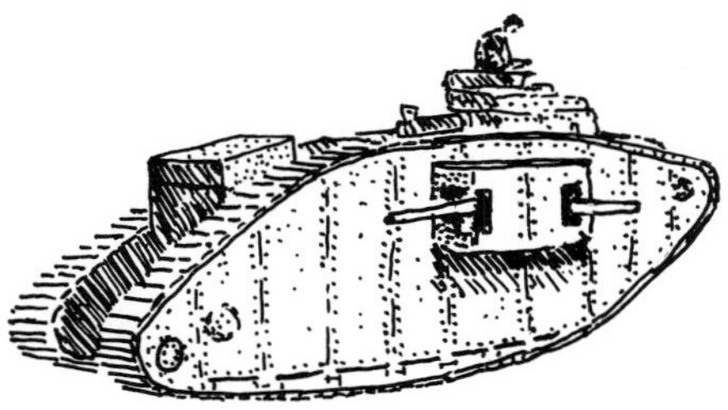

- *1915 verlustreicher Seesieg im Skagerrak*
  → keine weiteren Seeschlachten möglich

Der Kriegsbegeisterung folgt die Ernüchterung des Krieges 14

Westfront

–

–

–

–

–

Ludwigsburg, Datum des Poststempels

Trauer-Anzeige.

Tief erschüttert machen wir die traurige Mitteilung, dass unser

letzter Brotlaib

im Alter von 3 Tagen heute früh aufgegessen wurde.
Die trauernden Hinterbliebenden bitten um eine Brotmarke.

In tiefer Trauer:

Der Vater: Josef **Hunger**
Die Mutter: Anna **Hunger** geb. Kohldampf

Der Onkel: Anton **Wenigfleisch**
Die Tanten: Emma **Schmalhans**, Rosa **Mehlnot.**

Ostfront

–

–

–

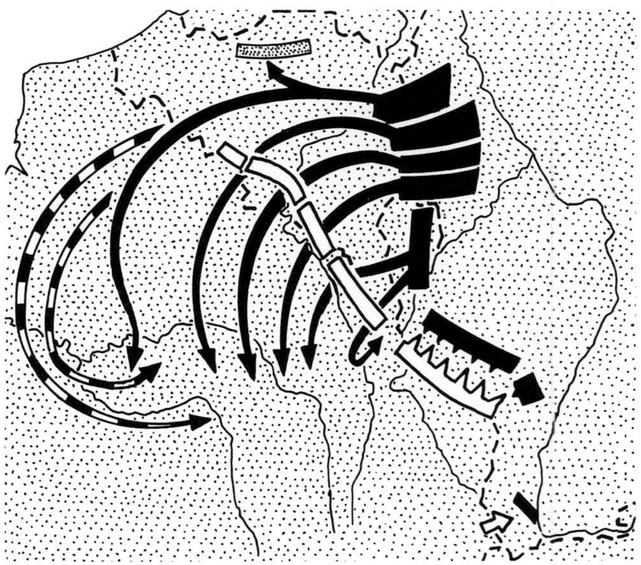

In der Heimat

–

–

–

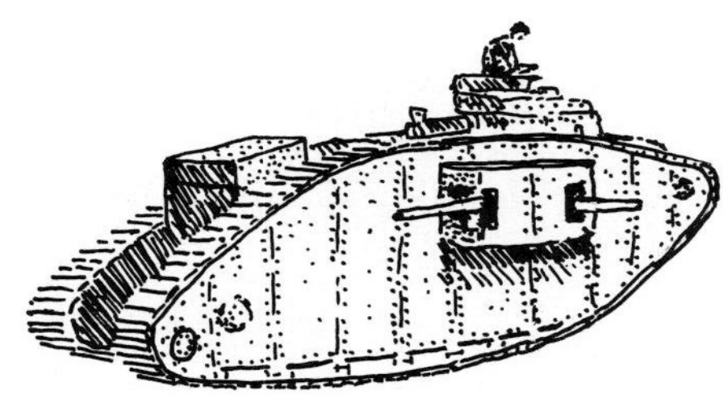

–

Welche Rolle spielt das Jahr 1917?

- *schlechte Ernährungslage und Kriegsmüdigkeit bei Soldaten*
- *Hunger in der Heimat*
- *Einsatz von U-Booten im „uneingeschränkten U-Boot-Krieg“*
  → Ziel: Unterbinden amerikanischer Waffenlieferungen
  → Ziel: GB zum Frieden zwingen

- *Ziel: Abschneiden der deutschen Versorgung (Seeblockade)*
- *Großbritannien und seine Gewässer werden Sperrzone*

- *1917 Revolutionen in Russland*
- *„Diktatfrieden“ von Brest-Litowsk*

- *Motive: Stärkung der Demokratie, Angst vor wirtschaftlicher Rezession*
- *Anlass: Versenken des Passagierschiffs Lusitania durch deutsches U-Boot → Tod von US-Bürgern*
  → 1917 Kriegserklärung USA an Deutschland
- *Lieferung von Kriegsmaterial an Alliierte, Entsendung amerikanischer Soldaten*

Friedensbemühungen

- *durch dt. Reichstag*
- *durch USA (Wilson: 14 Punkte)*

Welche Rolle spielt das Jahr 1917?

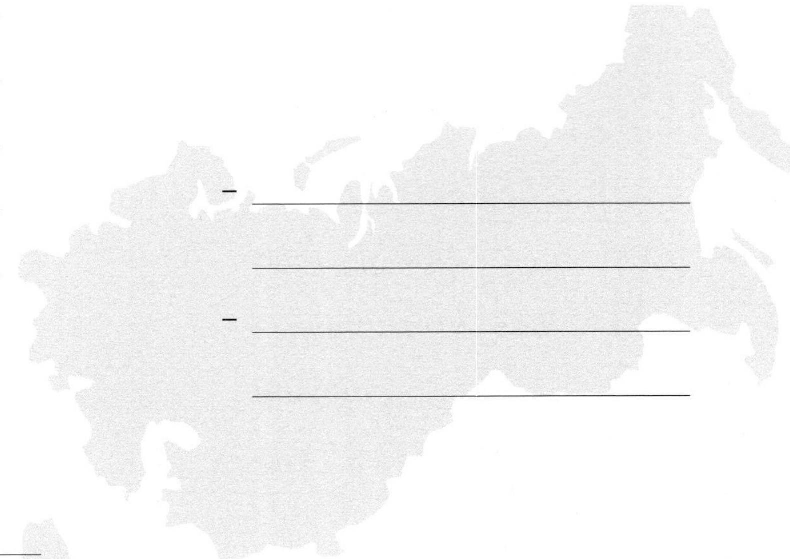

Friedensbemühungen

– ____________________

– ____________________

Die Bestimmungen des Friedensvertrags von Versailles

Großbritannien
Frankreich
USA

Deutsches Reich

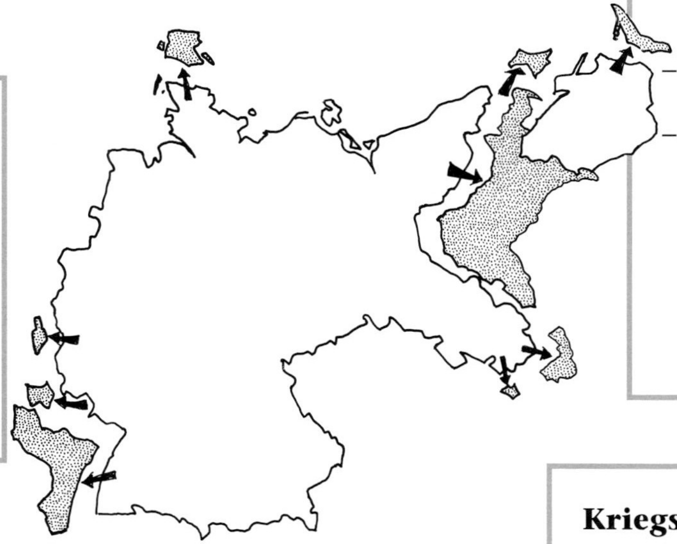

Territoriale Bestimmungen

- *Verlust von ca. 13 % des Staatsgebietes z. B. Elsass-Lothringen, Nordschleswig*
- *Verlust der Kolonien*
- *Auflösung des Vielvölkerstaates Österreich-Ungarn → neue Staaten entstehen, z. B. Ungarn, Tschechoslowakei, Jugoslawien, Polen*

Militärische Bestimmungen

- *Beschränkung des Heeres auf 100 000 Mann Reichswehr, Verbot der Wehrpflicht*
- *Reduktion von Marine und Kriegsmaterial*
- *Rheinland als entmilitarisierte Zone*

Kriegsschuldfrage

- *Art. 231 VV: Deutschland trägt Kriegsschuld → Verantwortung für Schäden, Verluste*

Wirtschaftliche Bestimmungen

- *Reparationszahlungen an Großbritannien und Frankreich*
- *Sachlieferungen an Alliierte: Kohle, Vieh etc.*
- *Verlust der Kolonien*
- *Verkleinerung der deutschen Handelsflotte*

- *Völkerbund als Friedenssicherung ineffektiv*

→ die Bevölkerung empfindet dies als „Schmachfrieden"

Die Bestimmungen des Friedensvertrags von Versailles

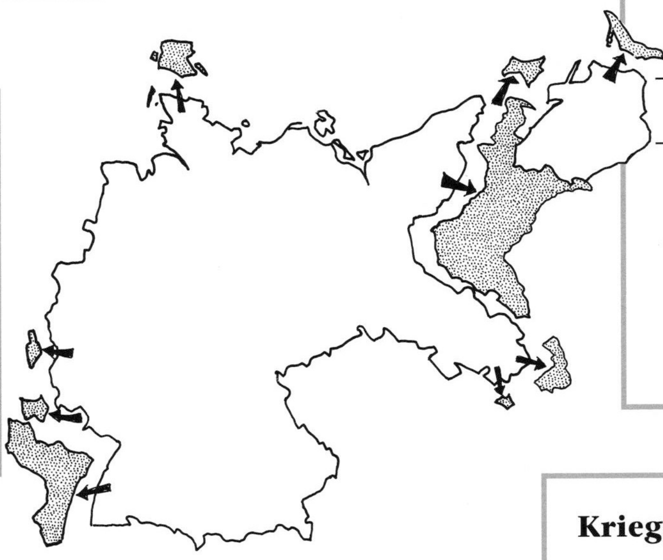

Militärische Bestimmungen

–

–

–

Territoriale Bestimmungen

–

–

–

Kriegsschuldfrage

–

–

Wirtschaftliche Bestimmungen

–

–

–

–

1917: ein Jahr politischer Veränderungen in Russland

Situation:
- *soziale Ungerechtigkeit*
- *Ruf nach Reformen und politischer Mitbestimmung*
- *schwere Niederlagen im Ersten Weltkrieg*
- *schlechte Lebensbedingungen, Hunger, Kriegsmüdigkeit*

Februarrevolution 1917

Sturz des Zaren, Aufbau einer parlamentarischen Demokratie

Bildung von Arbeiter- und Soldatenräten in Städten, starker Einfluss der Bolschewiki
Forderung: Beendigung des Krieges

Doppelherrschaft

Einsetzung der provisorischen Regierung durch die Duma, Garantie einiger Grundrechte
Ziel: Fortsetzung des Kriegs gegen Deutschland

Oktoberrevolution 1917

Sturm auf das Winterpalais: Sturz der provisorischen Regierung
1. Maßnahmen unter Lenin: Bildung des Rates der Volkskommissare, Dekret über den Boden, Dekret über den Frieden, Verstaatlichung von Betrieben, Enteignung von 50 Mio. Hektar Land

1917: ein Jahr politischer Veränderungen in Russland

Situation: –
–
–
–

Februarrevolution
1917

Doppelherrschaft

Oktoberrevolution
1917

Der blutige Weg des neuen Russland

1918 Frieden mit dem Deutschen Reich:
Große Verluste für Russland
(1,4 Mio. km² Land, 60 Mio. Einwohner)

1918 Intervention der Alliierten in Russland

Russland unter der Diktatur Lenins und der Bolschewiki

1918–1920 Bürgerkrieg in Russland

Leo Trotzki

- *Gründung der Roten Armee unter Kriegskommissar Trotzki*
- *Schaffung der Geheimpolizei zur Verfolgung der politischen Gegner*
- *Einführung des Kriegskommunismus durch Lenin*
  → *Hungersnot, Kriegsopfer, wirtschaftlicher Niedergang Russlands*
- *1921 Einführung der NEP*
- *1922 Gründung der UdSSR*

Der blutige Weg des neuen Russland

Leo Trotzki

–
–
–

–
–

Die Sowjetunion unter der Führung Stalins

Stalins Weg zur Macht

- *1922 Generalsekretär der kommunistischen Partei*
- *1924 Tod Lenins → Machtkampf zwischen Trotzki und Stalin*
- *ab 1929 Diktatur Stalins*

„Du bist die helle Sonne des Volkes ... und noch mehr als unsere Sonne, denn die Sonne hat keine Weisheit."

„Dieser Mann war ein Monstrum. Millionen von Menschen wurden zu Opfern seines Misstrauens ..."

Opposition:

- *Kritik am Führungsstil Stalins und seinen Ideen (Trotzki)*

Terror:

- *Macht der Geheimpolizei*
- *1929 Verbannung Trotzkis*
- *1936–1938 Große Säuberung*

Stalins Wirtschaftspolitik

- *Industrialisierung: ab 1928 Fünfjahrespläne, Aufbau einer Schwerindustrie, Elektrifizierung*

- *Millionen von Zwangsarbeitern*
- *Schlechte Wohn- und Lebensbedingungen der Bevölkerung*

- *Kollektivierung: Gründung von Kolchosen und Sowchosen*

- *Bei Weigerung: Arbeitslager, Umsiedlung, Erschießung*
- *1931/32 Hungersnot → 6 Millionen Tote*

Die UdSSR wurden zwar eine Industrienation, aber Terror und Arbeitslager kosteten Millionen Menschen das Leben

Die Sowjetunion unter der Führung Stalins

–

–

–

„Du bist die helle Sonne des Volkes … und noch mehr als unsere Sonne, denn die Sonne hat keine Weisheit."

–

–

Stalins Wirtschaftspolitik

Stalins Weg zur Macht

–

–

–

–

„Dieser Mann war ein Monstrum. Millionen von Menschen wurden zu Opfern seines Misstrauens …"

Opposition:

–

Terror:

–

–

–

Ein neuer Staat entsteht – die Weimarer Republik

Rat der Volksbeauftragten
(= provisorische Regierung) will

Wahl zur Nationalversammlung

Arbeiter- und Soldatenräte
sind gegen

blutiger Januar 1919, Spartakusaufstand
(Ermordung Liebknechts, Rosa Luxemburgs)

19.1.1919: Wahl zur Nationalversammlung findet statt

6.2.1919: Eröffnung der Nationalversammlung in Weimar
erster Reichspräsident: Friedrich Ebert
Weimarer Koalition (Zentrum, Deutsche Demokratische Partei, Sozialdemokraten) erarbeitet die Weimarer Verfassung
- *Ende der Monarchie und Errichtung einer parlamentarischen Demokratie*
- *allgemeine, freie, gleiche und geheime Wahlen für Männer und Frauen*
- *Festschreibung der Grundrechte*
- *weitgehende Rechte des Reichspräsidenten (Notverordnungsrecht, kann Reichstag auflösen, Ernennung des Reichskanzlers)*

Ein neuer Staat entsteht – die Weimarer Republik

____

___________________________ will

Wahl zur Nationalversammlung

____

sind gegen

____

____

____

____

____

____

– ___________________________

– ___________________________

– ___________________________

– ___________________________

Bayern ringt um seine Staatsform

Bayern: *Angst vor Verlust der Selbstständigkeit*

▼

7.11.1918: *USPD unter Kurt Eisner:*

- *Ausrufung eines provisorischen Arbeiter- und Soldatenrates*
- *Eisner als neuer Ministerpräsident eingesetzt*
- *Ausrufung des Freien Volksstaates Bayern*

= Absetzung der Monarchie

▶

1919: *Erste Landtagswahlen:*

Im Vorfeld: blutige Auseinandersetzungen, viele Todesopfer

Ausgang der Wahlen: Niederlage der USPD

= Absage an die Revolution

Kurt Eisner

▼

21.2.1919: *Ermordung Kurt Eisners*

18.3.1919: *Hoffmann (SPD) wird Ministerpräsident*

▼

7.4.1919: *Radikale Kräfte reißen Macht an sich*

- *Ausrufung einer „Baierischen Räterepublik"*
- *Gründung einer Roten Armee*
- *Flucht des Landtages nach Bamberg*
- *Chaos in München: Gewaltherrschaft der Roten Armee*

▶

- *Regierung Hoffmann bekommt München wieder in die Gewalt*
- *Rachefeldzug*
- *August: Landtag verabschiedet neue Verfassung, Bayern ist ein demokratischer Freistaat*

Bayern ringt um seine Staatsform

Bayern: ____________________

7.11.1918: ____________________

– ____________________

– ____________________

– ____________________

____

Kurt Eisner

1919: ____________________

____

____

____

____

21.2.1919: ____________________

18.3.1919: ____________________

7.4.1919: ____________________

– ____________________

– ____________________

– ____________________

– ____________________

____

– ____________________

____

– ____________________

– ____________________

____

Die Krisenjahre der Weimarer Republik 1919–1923

Die Weimarer Republik ist belastet durch:

Kriegsfolgen
- *hohe Verschuldung*
- *Reparationszahlungen*
- *Kriegsschuldartikel wird als unehrenhaft empfunden*

Ablehnung der Weimarer Republik durch verschiedene Bevölkerungsgruppen

linkes Lager:
- *radikale Kräfte fordern kommunistischen Staat*

rechtes Lager:
- *Monarchie hat noch viele Anhänger (Dolchstoßlegende)*

Streiks und Straßenkämpfe, Putschversuche von links und von rechts
- *Kapp-Putsch*
- *Kommunistische Aufstände*
- *Hitler-Putsch*

Der Weimarer Republik fehlt der Rückhalt in der Bevölkerung

Die Krisenjahre der Weimarer Republik 1919–1923

Die Weimarer Republik ist belastet durch:

Kriegsfolgen
– ______________________
– ______________________
– ______________________
____

Ablehnung der Weimarer Republik durch verschiedene Bevölkerungsgruppen

____
– ______________________
____

____
– ______________________
____

____
– ______________________
– ______________________
– ______________________

____

Fotos: Keystone Pressedienst, Hamburg; Langewiesche-Brandt, Ebenhausen

Hitlers Versuch, die Macht gewaltsam zu erringen

Weimarer Republik ist unbeliebt:
- *Judenfeindlichkeit*
- *Angst vor Kommunismus*
- *Dolchstoßlegende*

Bayern wird zum frühen Zentrum des Rechtsradikalismus

Hitlerputsch im Bürgerbräukeller in München am 8.11.1923
- *Hitler stürmt eine Versammlung v. Kahrs*
- *Ausrufung der „nationalen Revolution“*
- *führende bayerische Politiker werden zur Teilnahme gezwungen, distanzieren sich aber noch in dieser Nacht*

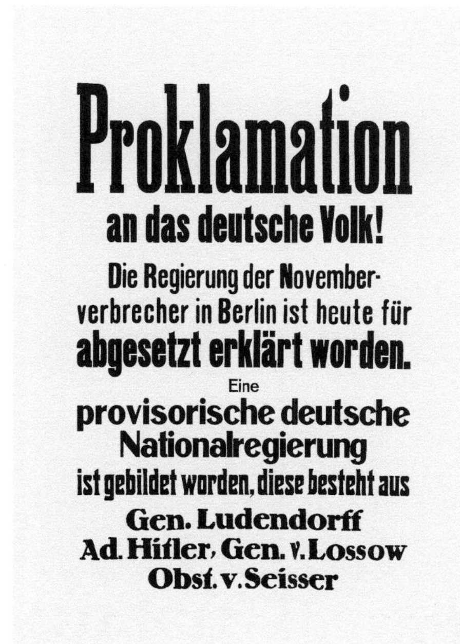

Marsch auf Feldherrenhalle wird blutig niedergeschlagen

Prozess gegen die Putschisten:
- *Hitler nutzt Verhandlungen zur Selbstdarstellung und wird über Bayerns Grenzen hinaus bekannt*
- *nur Mindeststrafe für Hitler*
- *„Mein Kampf“ entsteht in der Haft*

Fotos: Keystone Pressedienst, Hamburg; Langewiesche-Brandt, Ebenhausen

Hitlers Versuch, die Macht gewaltsam zu erringen

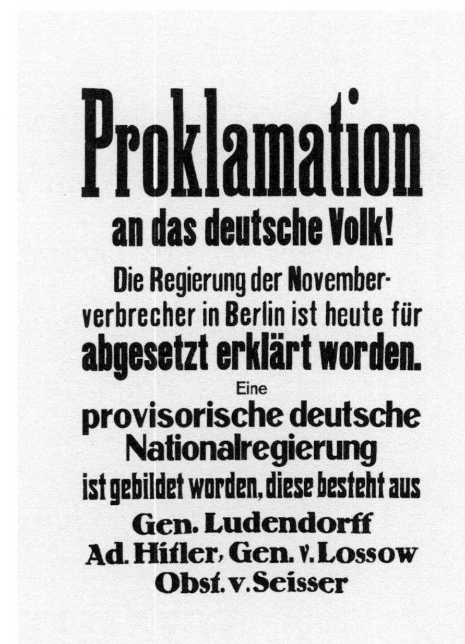

Proklamation

an das deutsche Volk!

Die Regierung der November-verbrecher in Berlin ist heute für **abgesetzt erklärt worden.**

Eine **provisorische deutsche Nationalregierung** ist gebildet worden, diese besteht aus

Gen. Ludendorff
Ad. Hitler, Gen. v. Lossow
Obst. v. Seisser

Die Wirtschaftslage in den 20er-Jahren

Ausgangslage nach dem Krieg

- *extreme Belastung Deutschlands durch Reparationsforderungen der Siegermächte*
- *Ruhrkampf*
- *Verschärfung der finanziellen Belastungen*
- *galoppierende Inflation*
- *Zunahme der Arbeitslosigkeit*

Aufschwung und Aufbruch der „Goldenen Zwanziger"

- *erfolgreiche Währungsreform durch Einführung der Rentenmark im November 1923 (1 Billion Reichsmark entsprechen einer Rentenmark)*

  Beendigung des Ruhrkampfes durch *Gustav Stresemann*

  Dawesplan: *Neuregelung der Reparationszahlungen*

  Youngplan: *Festlegung der Reparationszahlungen auf 112 Milliarden, zahlbar in Raten bis zum Jahr 1988*
- *Kredite aus den USA 1924*

Die Wirtschaftslage in den 20er-Jahren

Ausgangslage nach dem Krieg

– ______________________________

– ______________________________

– ______________________________

– ______________________________

– ______________________________

Aufschwung und Aufbruch der „Goldenen Zwanziger“

– ______________________________

____

Beendigung des Ruhrkampfes durch ______________________________

Dawesplan: ______________________________

Youngplan: ______________________________

____

– ______________________________

Die außenpolitische Lage Deutschlands nach 1923

Deutscher Außenminister seit 1923: *Gustav Stresemann*

Aristide Briand

Gustav Stresemann

Deutsch-französische Verständigung *zwischen Gustav Stresemann und Aristide Briand*
– Vertrag von Locarno (Verzicht auf eine gewaltsame Veränderung der Westgrenze) im Oktober 1925

Deutsch-russische Verständigung *im Vertrag von Rapallo (keine Zahlung von Kriegsentschädigungen, Zusammenarbeit beim Wiederaufbau) im April 1926*

Aufnahme Deutschlands in *den Völkerbund = Ende der internationalen Isolation im September 1926*

Außenpolitische Lage Deutschlands in West und Ost stabilisiert und verbessert,
Belastungsfaktoren bleiben aber:
- *Reparationszahlungen*
- *Besetzung von Teilen des Rheinlandes*
- *militärisches Ungleichgewicht*

Die außenpolitische Lage Deutschlands nach 1923

Deutscher Außenminister seit 1923: ____________

Aristide Briand

Gustav Stresemann

Deutsch-französische Verständigung ____________

____

– ____________

____

____

Deutsch-russische Verständigung ____________

____

____

____

____

Aufnahme Deutschlands in

____

____

____

____

____

____

– ____________

– ____________

– ____________

Wandel in Wissenschaft und Gesellschaft

Wissenschaft und Technik

- *Anfänge der Atomphysik*
- *wichtige Erkenntnisse in der Medizin, z. B. Verwendung von Röntgenstrahlen, Erforschung von Impfstoffen und Penicillin*
- *Elektrifizierung des Alltags durch Toaster, Staubsauger usw.*
- *Mobilisierung durch Massenprodukt Motorrad und Automobil, Straßenbahn, Zeppelin*

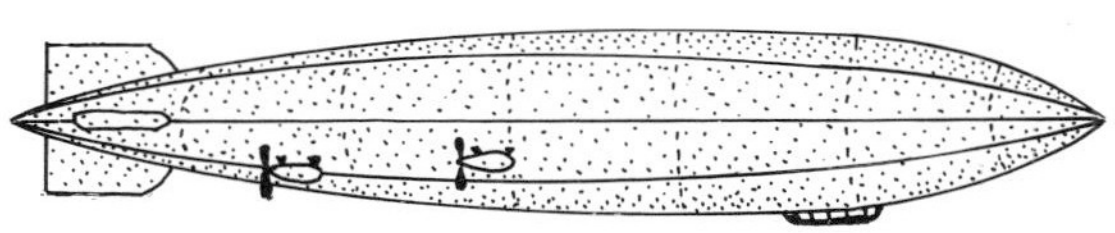

Kunst und Kultur

- *Das Bauhaus:*
  - → *Gründer: Walter Gropius*
  - → *zweckmäßiger, nüchterner Bau- und Einrichtungsstil*
  - → *„Neue Sachlichkeit“*
- *Auseinandersetzung mit Problemen der Zeit in der bildenden Kunst*
- *neue Medien: Rundfunk und Film*

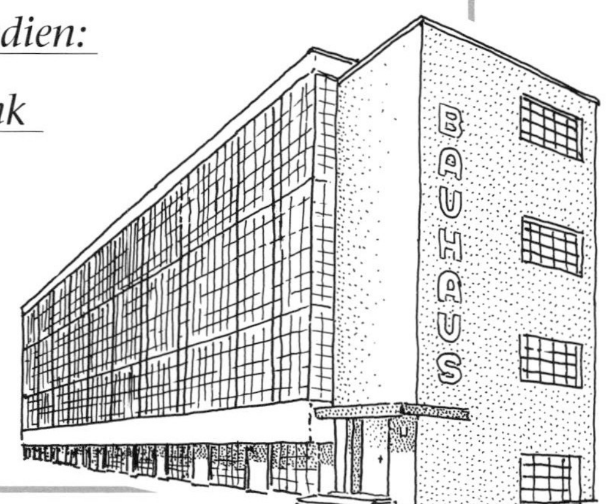

Die „neue“ Frau

- *Öffnung der weiterführenden Schule und Universitäten*
- *neue Berufsfelder: Büro und Verwaltung*
  - → *Doppelbelastung von Familie und Beruf*
  - → *neues Selbstbewusstsein (Bubikopf, Schminke, Sport …)*

Die „Goldenen“ Zwanziger

Wandel in Wissenschaft und Gesellschaft

Wissenschaft und Technik

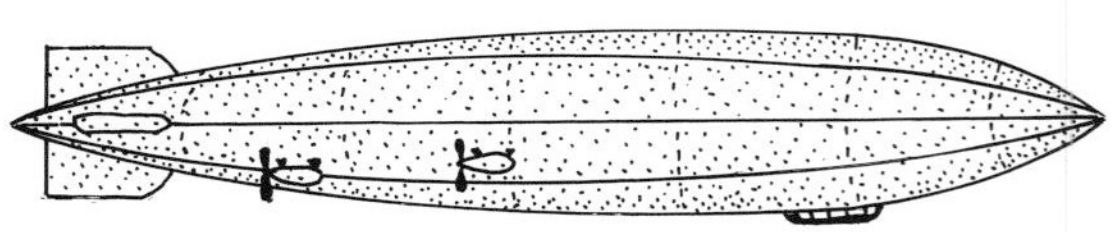

Kunst und Kultur

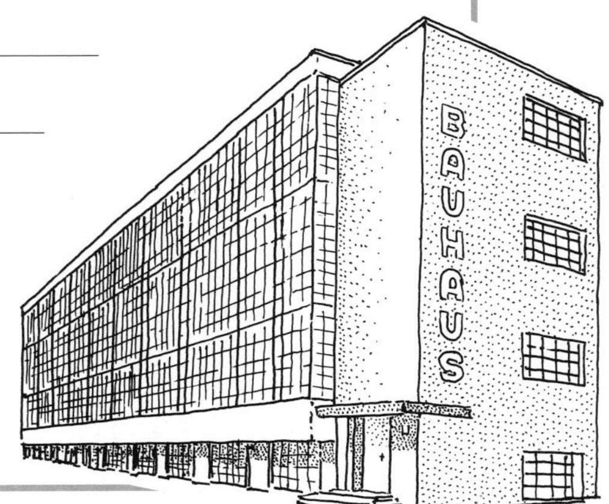

Die „neue“ Frau

Die Weltwirtschaftskrise und ihre Folgen für Deutschland

Ursachen

Ende des Wirtschaftsbooms in den USA

- *Grund: Marktübersättigung*
- *Folgen:*
  Anstieg der Arbeitslosigkeit
  Vertrauensverlust in die Wirtschaft

„Schwarzer Freitag“ (25.10.1929):
Zusammenbruch der New Yorker Börse
aufgrund panischer Massenverkäufe

Auswirkungen auf Deutschland

- *Rückforderungen der amerikanischen Kredite*
- *keine Exporte in die USA*

bis 1932

ca. 6 Millionen Arbeitslose
→ *großer Zulauf für radikale Parteien*

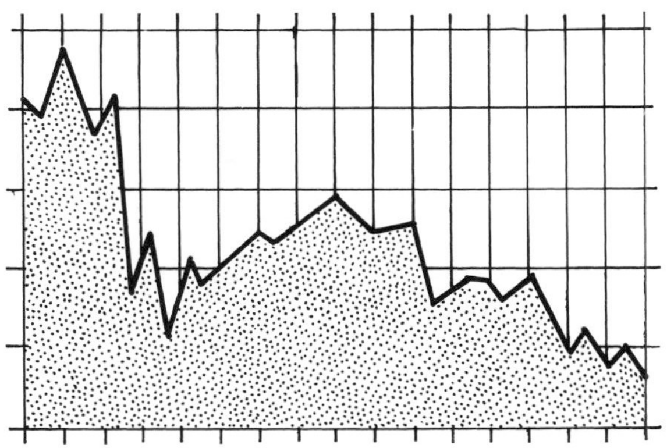
Aktienkurse in den USA 1929/1930

Die Weltwirtschaftskrise und ihre Folgen für Deutschland

Ursachen

____

– ______________________________

– ______________________________

____

____

____

____

____

Auswirkungen auf Deutschland

– ______________________________

– ______________________________

____

____

____

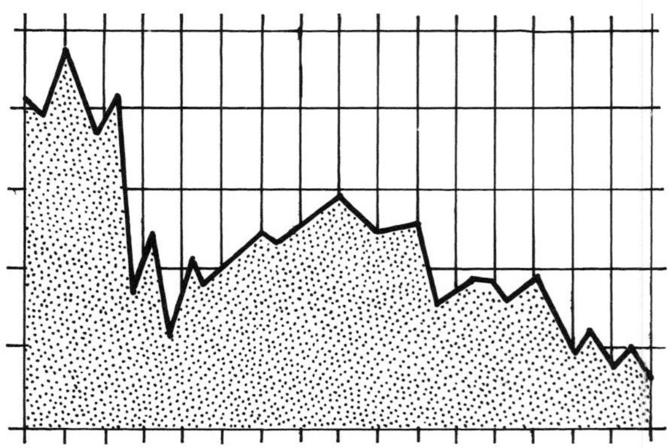

Aktienkurse in den USA 1929/1930

Das Ende der Weimarer Republik

Scheitern der großen Koalition (SPD, Zentrum, BVP, DDP, DVP) aufgrund mangelnder Kompromissbereitschaft

▶

Ernennung des Zentrumspolitikers Brüning: neue Koalition ohne Beteiligung der SPD, d. h. fehlende Mehrheit im Parlament

▶

Regieren mithilfe des Notverordnungsparagrafen (Art. 48)

Verschärfung der Wirtschaftskrise durch Brünings Deflationspolitik

Radikalisierung des politischen Lebens → kurzzeitiges SA- und SS-Verbot

Präsidialkabinette der Brüningnachfolger von Papen bzw. von Schleicher

von Beratern abhängiger, seniler Reichspräsident Hindenburg → Koalitionsregierung mit Adolf Hitler

Das Ende der Weimarer Republik

Die nationalsozialistische Weltanschauung

Antisemitismus

- *Hass gegen Juden*
- *Juden als Sündenböcke*
- *Verknüpfung mit der Rassenlehre: Die Juden als „minderwertige Rasse“ müssen ausgerottet werden*

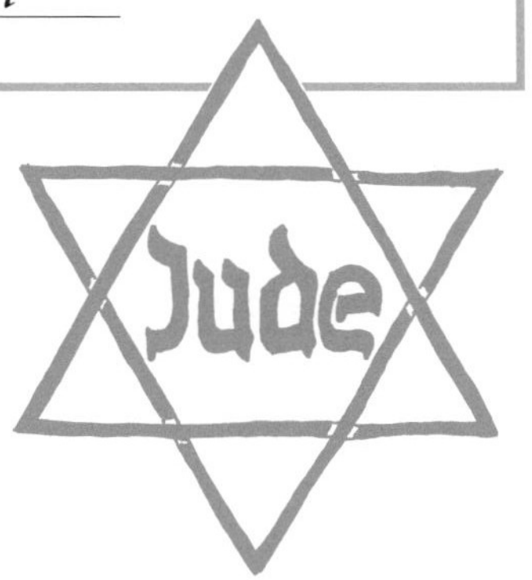

Rassismus und Glaube an die deutsche Überlegenheit

- *Glaube an höher- und minderwertige „Menschenrassen“*
- *die Deutschen als „reinste und hochwertigste Rasse“ (Arier)*

Führerprinzip

- *Hass auf die Weimarer Republik und Werte wie Toleranz, freie Meinung, Demokratie*
- *Forderung nach absolutem Gehorsam und bedingungsloser Unterwerfung unter den Führerwillen*

Antibolschewismus und „Lebensraum im Osten“

- *Kampf gegen den Kommunismus*
- *Deutschland sei überbevölkert, ohne „Raum“*
- *Ausdehnung nach Osten und Unterwerfung der dortigen „minderwertigen Völker“*

Fazit:

Missachtung von Verfassung und Menschenrechten ist prägend für die nationalsozialistische Weltanschauung

Die nationalsozialistische Weltanschauung

Antisemitismus

– ____________________

– ____________________

– ____________________

____

____

____

____

Rassismus und Glaube an die deutsche Überlegenheit

– ____________________

____

____

– ____________________

____

____

____

Führerprinzip

– ____________________

____

____

____

– ____________________

____

____

____

Antibolschewismus und „Lebensraum im Osten“

– ____________________

____

– ____________________

____

– ____________________

____

____

____

Fazit:

____

Stufen der „Machtergreifung“ 1933/34

Von der *Demokratie* zur *Diktatur*

30.01.1933

Ernennung Hitlers zum Reichskanzler
- *„Regierung der nationalen Konzentration“ als Präsidalkabinett*

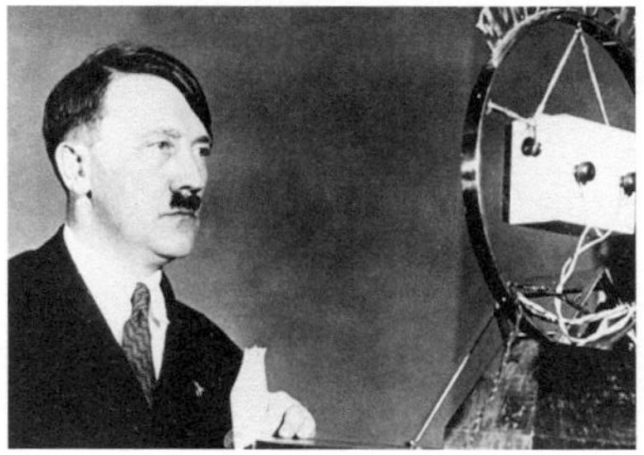

27.02.1933

Reichstagsbrand
- *Täter: holländischer Kommunist (Zerschlagung der KPD)*
- *Aufhebung der Grundrechte*
- *Gefangennahme politischer Gegner („Schutzhaft“, KZ)*

05.03.1933

Reichstagswahlen
- *Wahlsieg für NSDAP (44 %) mithilfe von Propaganda und Terror*
- *Koalition mit DNVP (8 %)*

23.03.1933

„Ermächtigungsgesetz“
- *Übertragung der Legislative auf die Regierung (= Aufhebung der Gewaltenteilung)*
- *Ablehnung durch SPD*
- *Zustimmung Zentrum*

02.08.1933

Tod Hindenburgs
- *Hitler wird Reichspräsident („Führer“)*
- *Vereidigung der Reichswehr/Wehrmacht auf Hitler*

Fotos: AKG, Berlin; Langewiesche-Brandt, Ebenhausen; BPK, Berlin; Landesbildstelle, Berlin

Stufen der „Machtergreifung“ 1933/34

Von der ____________ zur ____________

30.01.1933

____
____
– ____________
____
____
____

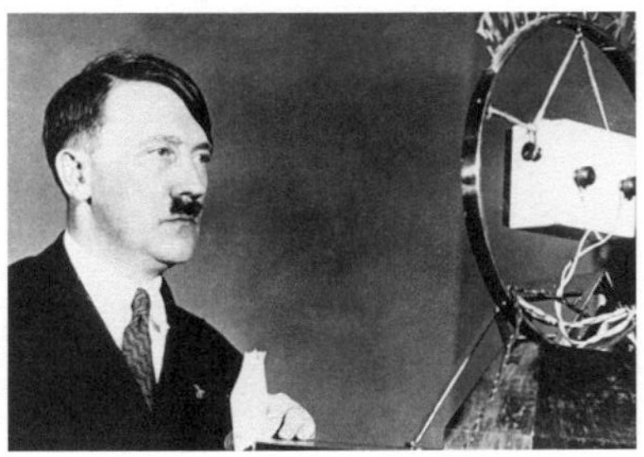

27.02.1933

____
– ____________
____
____
– ____________
____
– ____________
____
____

05.03.1933

____
– ____________
____
____
____
– ____________
____

23.03.1933

____
– ____________
____
____
____
____
– ____________
– ____________

02.08.1933

____
– ____________
____
____
– ____________
____
____
____

Fotos: Bildarchiv Preußischer Kulturbesitz, Berlin

Gleichschaltungsmaßnahmen nach der Machtergreifung 32

Ein Volk, ein Reich, ein Führer

Ausschaltung der Parteien
- *Zerschlagung der KPD*
- *Verbot der SPD*
- *Selbstauflösung der übrigen Parteien*
- *Verbot von Parteineugründungen*

Länderregierungen verlieren Selbstständigkeit

▼

Reichsstatthalter übernimmt Aufsicht

Organisation von parteilichen Berufsverbänden (NS-Lehrerbund/ NS-Ärztebund usw.)

Zerschlagung der Gewerkschaften

▼

ersetzt durch Deutsche Arbeitsfront (DAF)

▼

Freizeitorganisation unter dem Motto „Kraft durch Freude“

▼

Entstehung eines *totalitären Einheitsstaates*

Gegner: *zur Schutzhaft in Konzentrationslager eingeliefert*

Gleichschaltungsmaßnahmen nach der Machtergreifung

Ein Volk, ein Reich, ein Führer

Entstehung eines ______________________

Gegner: ______________________

Wie beeinflusst Hitlers Propaganda die Bevölkerung?

Medien

- *1933 Gründung des Reichsministeriums für Volksaufklärung und Propaganda unter Leitung von Joseph Goebbels*
  → Kontrolle von Presse, Film, Theater
- *Verbreitung der NS-Propaganda in alle Haushalte durch „Volksempfänger"*

Freizeitangebote

- *„Deutsche Arbeitsfront" (DAF) ersetzt Gewerkschaften*
- *Unterorganisation „Kraft durch Freude" (KdF) wirbt mit attraktiven Freizeitangeboten (Tagesfahrten, Reisen) für jedermann*
- *KdF-Volkswagen-Propaganda wird nicht erfüllt; Gelder zur Kriegsfinanzierung*

Unterstützungsaktionen

- *Hilfe für Arbeitslose durch Sammlungsaktionen (Kleider, Lebensmittel)*
- *Winterhilfswerk*

aber: *ab 1935 Verwendung der gesammelten Gelder für Rüstungszwecke!*

Deutsche Bevölkerung: Sehnsucht nach wirtschaftlichem/politischem Neuanfang

▼

Verehrung Hitlers im „Führerkult"

Wie beeinflusst Hitlers Propaganda die Bevölkerung?

Medien

– ______________________________

____

____

____

– ______________________________

____

Freizeitangebote

– ______________________________

____

– ______________________________

____

____

____

– ______________________________

____

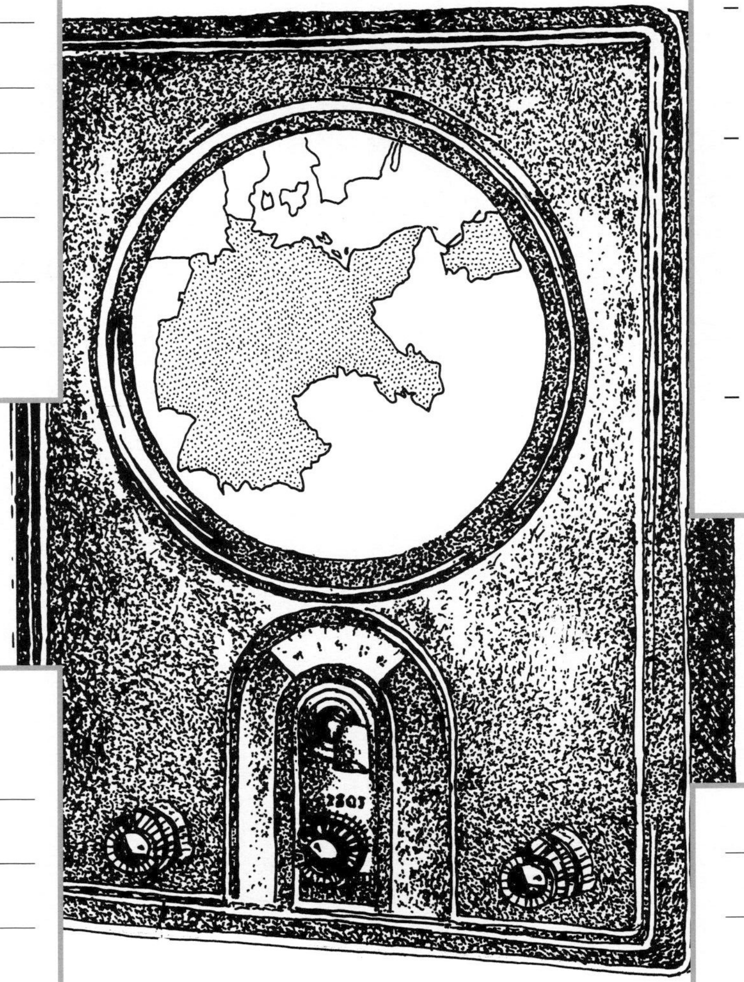

Unterstützungsaktionen

– ______________________________

____

– ______________________________

aber: ______________________________

____

____

____

▼

____

Frauen im Nationalsozialismus

Mädchenerziehung

- *Unterricht in Hauswirtschaft und Handarbeit*
- *hauswirtschaftliche Pflichtprüfung*
- *Studienbeschränkung für Frauen auf ca. 10 %*
- *seit 1938 nach der Schule Pflichtjahr in Haus- oder Landwirtschaft*

Eheförderung

- *staatliche „Ehestandsdarlehen“, Steuerfreibeträge und Kindergeld für gesunde arische Paare*
- *Reduzierung der Darlehensschuld um je 1/4 pro Geburt*

NS-Frauenideal

- *Frau als Mutter zahlreicher Kinder*
- *sich unterordnende, fleißige Ehefrau*

→ Ehrung durch Mutterkreuz

- *Berufstätigkeit als Ausnahme für ledige Frauen*

- *Sicherung „loyalen“ Nachwuchses durch uneheliche, arische Kinder (Lebensborn-Heime)*

Frauen im Nationalsozialismus

Mädchenerziehung

– ______________________

– ______________________

– ______________________

– ______________________

____

Eheförderung

– ______________________

____

____

– ______________________

____

NS-Frauenideal

– ______________________

– ______________________

____

– ______________________

____

– ______________________

____

____

Jugend im Nationalsozialismus

- *harte, zähe Jugend für die Zukunft Deutschlands*
- *Jungen → Soldaten; Mädchen → Mütter*
- *Propaganda: HJ-Gesetz vom 01.12.1936*

Aufbau

- *JM/DJ; HJ/BDM*
- *Prinzip „Jugend führt Jugend"*
- *militärischer Aufbau (Uniform)*

aber:

- *Edelweiß-Piraten, Swing-Jugend*

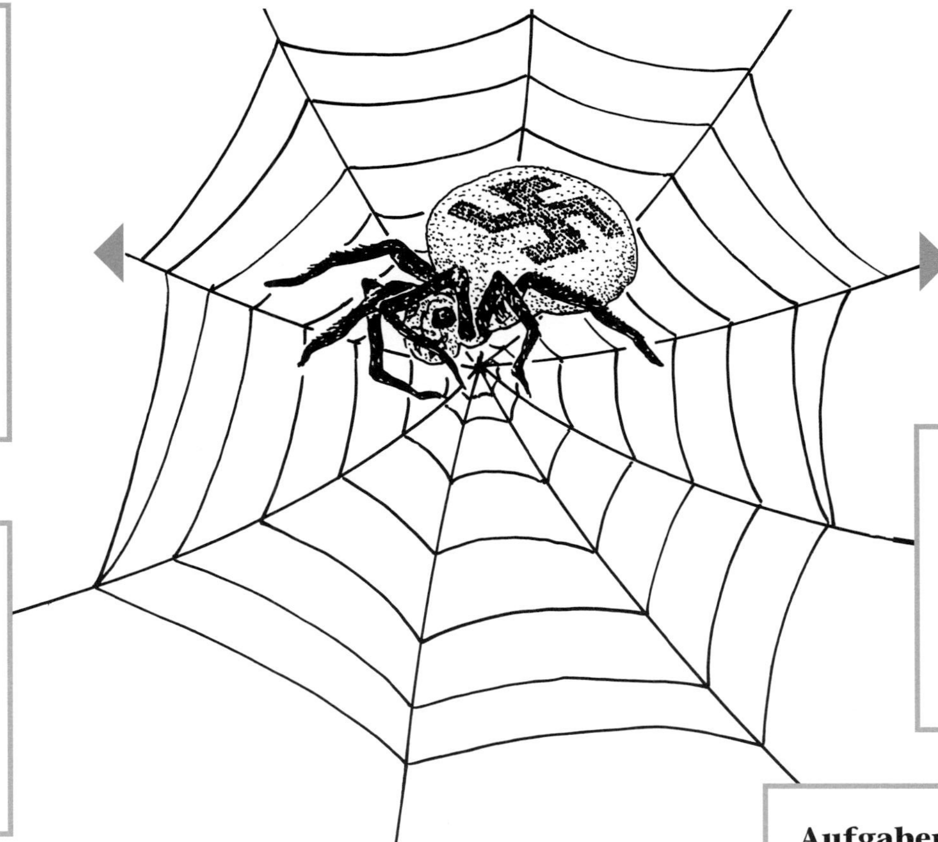

Leben

- *Fahrten/Lager: Gefühle der Gemeinschaft und Gleichheit*
- *begeisterte Parolen in Liedern → kritiklose Übernahme*

- *Kriegseinsatz von Hitlerjugend (HJ) und Bund deutscher Mädel (BDM) → Desillusionierung → Tod*

Ordnung

- *strenge Disziplin*
- *Kontrolle durch „Streifendienst"*
- *„Disziplinarmaßnahmen"*

Aufgaben

- *Unterricht: Sport, Kultur, nationalsozialistische Ideologie*
- *Jungen: Wehrertüchtigungslager*
- *Mädchen: soziale Dienste, Teilnahme und Organisation von Heimatabenden*

Jugend im Nationalsozialismus

– ______________________

____

– ______________________

____

– ______________________

____

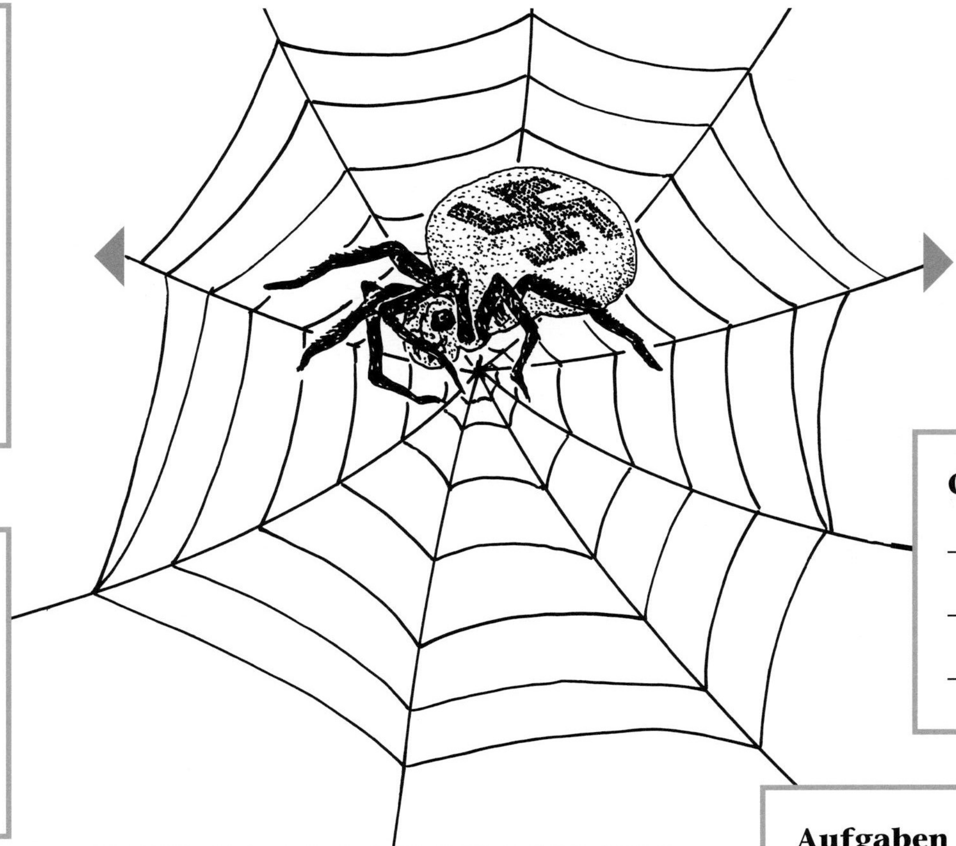

– ______________________

____

____

____

____

Aufbau

– ______________________

– ______________________

– ______________________

Ordnung

– ______________________

– ______________________

– ______________________

aber:

– ______________________

____

Leben

– ______________________

____

– ______________________

____

Aufgaben

– ______________________

____

– ______________________

– ______________________

____

Foto: Keystone Pressedienst, Hamburg

Der NS-Terror: Die ersten Konzentrationslager

Überwachung

Verfolgung

Inhaftierung

- *politische Gegner*
- *Juden*
- *Sinti und Roma*
- *so genannte rassisch Minderwertige*
- *Homosexuelle*
- *Zeugen Jehovas*
- *so genannte Asoziale*
- *Behinderte*

Erfassung und Kontrolle der Bevölkerung

- *Aussetzung der Grundrechte*
- *Spitzelsystem, Denunziation*
- *Sicherheitsdienst der SS*
- *Geheime Staatspolizei (Gestapo)*

„Schutzhaft" und Lagersystem

- *seit 1933 Konzentrationslager für staatlich Verfolgte unter Kontrolle der SS*
- *Musterlager Dachau*
- *menschenunwürdige Haftbedingungen*

Der NS-Terror: Die ersten Konzentrationslager

–

–

–

–

–

–

–

–

Erfassung und Kontrolle der Bevölkerung

–

–

–

–

„Schutzhaft“ und Lagersystem

–

–

–

Juden im nationalsozialistischen Deutschland

1933 *Judenboykott*

- *Boykott jüdischer Geschäfte*
  → *wirtschaftlicher Ruin*
- *willkürliche Gewaltakte gegen Juden*

1935 *Nürnberger Gesetze*

- *Eheverbot zwischen Juden und „Ariern"*
- *Verlust der Bürgerrechte für die Juden*
- *ab 1941 Demütigung durch Tragen des Judensterns*

1938 *„Reichskristallnacht"*

Judenpogrome

- *Zerstörung von Synagogen*
- *Enteignung der jüdischen Bevölkerung*
- *willkürliche Deportationen in KZ*

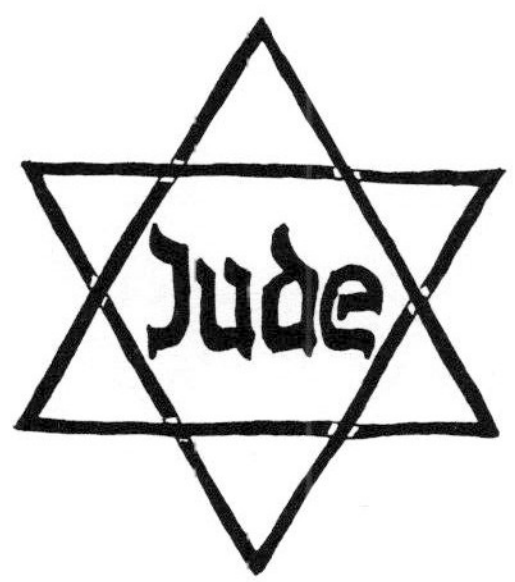

Auswanderung von Juden

1942 *Wannsee-Konferenz:*

„Endlösung der Judenfrage", systematische Ermordung

keine Auswanderung mehr möglich

- *Deportation der Juden in Arbeits- und Vernichtungslager (z. B. Auschwitz, Treblinka)*
- *Massenmord an ca. 6 Millionen Juden*
  → *Ausrottung weiterer Minderheiten wie z. B. Sinti und Roma, geistig behinderter Menschen*

Juden im nationalsozialistischen Deutschland

1933 ________________

– ________________

____

– ________________

____

1935 ________________

– ________________

– ________________

– ________________

____

1938 ________________

____

– ________________

– ________________

– ________________

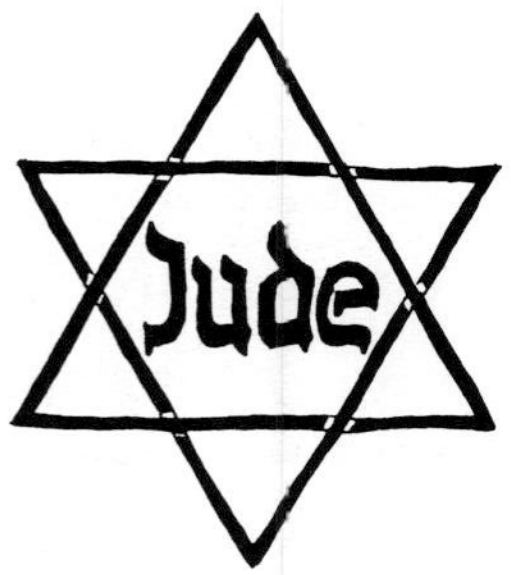

____

1942 ________________

____

____

– ________________

– ________________

____

____

Die nationalsozialistische Außenpolitik

Hitlers Ziele

- *Aufhebung des Versailler Vertrages*
- *Errichtung eines „Großdeutschen Reiches"*
- *Schaffung von „Lebensraum im Osten"*

1933	**1934**	**1935**	**1936**
Hitlers „Friedensrede", Konkordat mit dem Vatikan	*Nichtangriffspakt mit Polen*	*Flottenbegrenzungs-abkommen mit England*	*Olympische Spiele in Berlin: Friedenspropaganda*

Friedensbeteuerungen

zweigesichtige Außenpolitik

Weg in den Krieg

Politik der vollendeten Tatsachen (Vertragsbruch, Gewaltaktionen)

1933	**1935**	**1936**	**1938**	**1939**
Austritt aus dem Völkerbund	*Einführung der allgemeinen Wehrpflicht; Aufrüstung*	*militärische Besetzung des Rheinlandes*	*„Anschluss" Österreichs und des Sudetenlandes*	*Überfall auf die Tschechoslowakei: „Protektorat Böhmen und Mähren"*

Die nationalsozialistische Außenpolitik

1933	1934	1935	1936

Hitlers Ziele

–

–

–

zweigesichtige Außenpolitik

1933	1935	1936	1938	1939

Die Entfesselung des Zweiten Weltkriegs: Polen 1939

Drittes Reich

- *März 1939 territoriale Forderungen an Polen*
- *Anschluss Danzigs an das Reich*
- *exterritoriale Auto- und Bahnverbindung durch den „Korridor“ zwischen Reich und Ostpreußen*

Ablehnung durch Polen (englisch-französische Garantieerklärung)

1.9.1939

deutscher Überfall auf Polen

August 1939

deutsch-sowjetischer Nichtangriffspakt mit geheimem Zusatzprotokoll (Festlegung gegenseitiger Interessengebiete in Osteuropa)

Kriegsverlauf

- *Strategie des „Blitzkriegs“*
- *September 1939 Vernichtung der polnischen Armee (Kesselschlachten)*
- *Einmarsch der Roten Armee und Besetzung Ostpolens*

„Neuordnung“ Polens

Westpolen als Reichsgaue

„Generalgouvernement“ unter deutscher Herrschaft

- *Umsiedlungsaktionen*
- *Deportation von Zwangsarbeitern*
- *Misshandlungen und Ausrottung der Bevölkerung (vor allem der Juden in Gettos und Vernichtungslagern)*

Die Entfesselung des Zweiten Weltkriegs: Polen 1939

Drittes Reich

– ______

______

– ______

– ______

______

______

______

______

______

______

1.9.1939

______

August 1939

______

______

______

______

Kriegsverlauf

– ______

– ______

______

– ______

______

„Neuordnung" Polens

______

______

______

– ______

– ______

– ______

______

______

______

Kriege gegen die europäischen Nachbarn

September 1939 *Zerschlagung Polens, Strategie des „Blitzkriegs"*

Skandinavien

April 1940 *Eroberung von Dänemark und Norwegen: Sicherung der Erzzufuhr für die Rüstungsindustrie*

Frankreich

März 1940 *Besetzung der Niederlande, Belgiens und Luxemburgs*
- *Einkesselung eines britischen Heeres in Dünkirchen*
- *Eroberung Mittelfrankreichs und Besetzung von Paris*

Juni 1940 *Waffenstillstand von Compiegne*

Verbündete Polens
3.9.1939
Kriegserklärung

England

geplante Invasion

1940/41 *„Luftschlacht um England" (W. Churchill)*
- *Bombardierung von Industrieanlagen und Städten (Coventry, London …)*
- *Scheitern der deutschen Luftwaffe (englisches Radar) ungebrochener Widerstand*

Herrschaft über Kontinentaleuropa

1941 *Ausweitung des Kriegs durch*
- *Balkanfeldzug (Jugoslawien, Griechenland)*
- *Afrikafeldzug (E. Rommel)*

→ *Unterstützung Italiens*
B. Mussolini: Herrschaft über Mittelmeerraum („Mare Nostro")

Kriege gegen die europäischen Nachbarn

September 1939 ______________________

Skandinavien

April 1940 ______________________

____

____

____

Frankreich

März 1940 ______________________

____

– ______________________

____

– ______________________

____

Juni 1940 ______________________

____

____

____

____

____

England

____

1940/41 ______________________

____

– ______________________

____

____

– ______________________

____

____

____

1941 ______________________ ______________________

– ______________________ ______________________

– ______________________ ______________________

Der Russlandfeldzug (1941/43) als Kriegswende

22. 6. 1941 *deutscher Angriff auf die Sowjetunion: „Unternehmen Barbarossa“*

Abwehrmaßnahmen *Stalins*
- *Ausrufung des „Vaterländischen Kriegs“*
- *Bündnis mit England und USA*
- *Neutralitätsabkommen mit Japan*

1942 erfolgreiche Gegenoffensive

Ziele
- *Ausschaltung eines möglichen Bündnispartners Englands*
- *Vernichtung des Bolschewismus*
- *Eroberung von Lebensraum (für arische Herrenrasse)*
- *Versklavung der Slawen (Russen) als minderwertige Rasse*

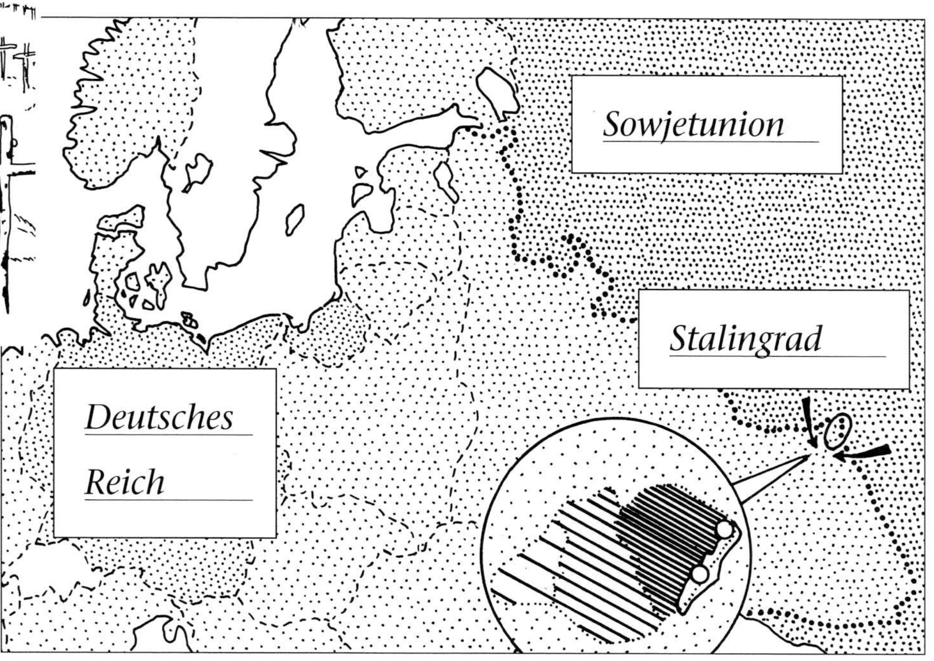

Besatzungspolitik
- *„Krieg der verbrannten Erde“*
- *Ausbeutung und Misshandlung der Bevölkerung*
- *„Ausrottung“ der Juden*

1942/43 Schlacht um *Stalingrad: Vernichtung, Gefangenschaft der deutschen 6. Armee*

Der Russlandfeldzug (1941/43) als Kriegswende

22. 6. 1941 ______

Abwehrmaßnahmen ______

- ______
- ______
- ______

______

Ziele

- ______
- ______
- ______
- ______

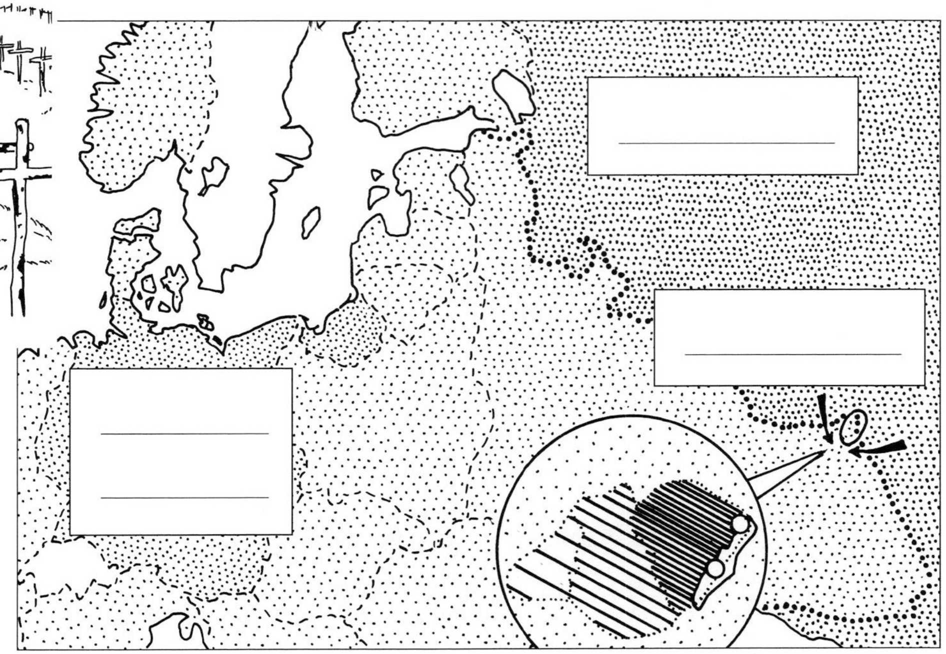

Besatzungspolitik

- ______
- ______
- ______

1942/43 Schlacht um ______

Der Krieg zwischen Japan und den USA

Japan

Ziel: *„Großasiatische Wohlstandssphäre“ unter japanischer Herrschaft*

Expansion durch Krieg

1932 *Mandschuko/ Mandschurei*

1937 *Nord- und Küstenchina (Peking, Shanghai)*

1940/41 *Indochina*

Vorstoß nach Ozeanien (amerikanisches Einflussgebiet)

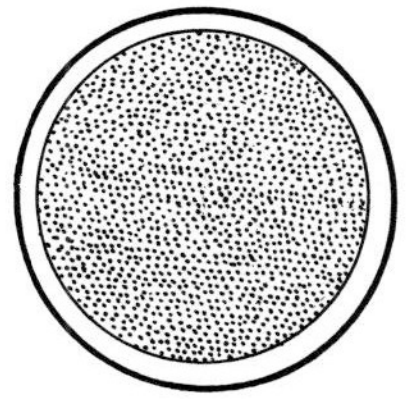

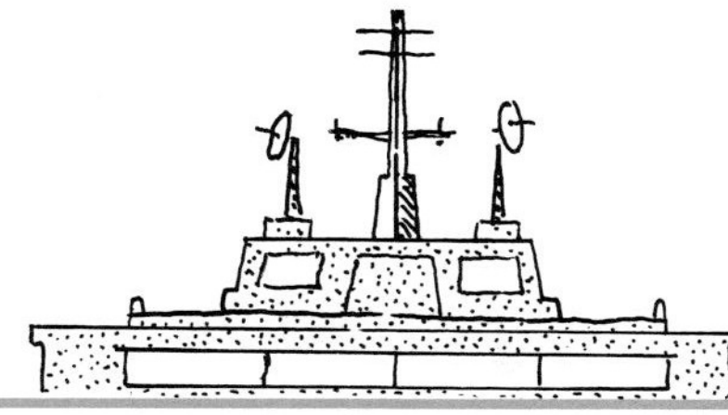

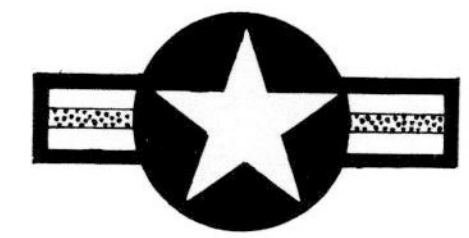

7.12.1941

japanischer Überfall auf Pearl Harbor (Hawaii), Vernichtung der amerikanischen Pazifikflotte

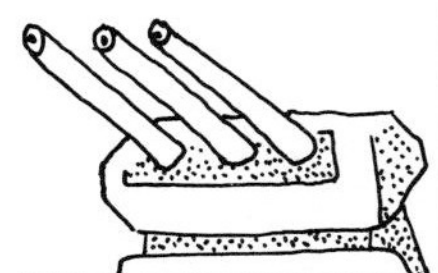

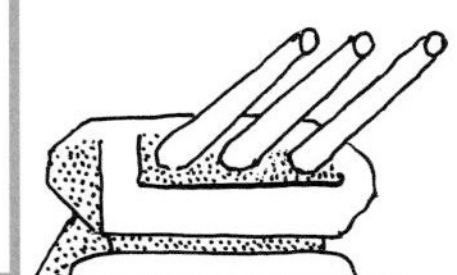

1942 *Eroberung Südostasiens (Philippinen, Niederländisch Indien = Java, Sumatra, Borneo …)*

Juni 1942 *Vernichtung der japanischen Kriegsflotte in Schlacht bei Midway-Inseln (Kriegswende)*

1943/44 *amerikanische Rückeroberung der Pazifikinseln*

1945 *Landung amerikanischer Truppen in Japan (hohe Verluste)*

6./9.8.1945 *Atombombenabwurf auf Hiroshima und Nagasaki*

→ 2.9.1945 *Kapitulation Japans*

USA

Jan. 1941 *Präsident Roosevelts „Vier Freiheiten“*

Aug. 1941 *Erweiterung durch Atlantik-Charta*

Forderung nach Rückzug Japans aus besetzten Gebieten (→ Boykott kriegswichtiger Rohstoffe)

8.12. *amerikanische Kriegserklärung*

Der Krieg zwischen Japan und den USA

Japan

Ziel: ______________________

____

____

▼

____

1932 ______________________

____

1937 ______________________

____

____

1940/41 ______________________

▼

____

____

____

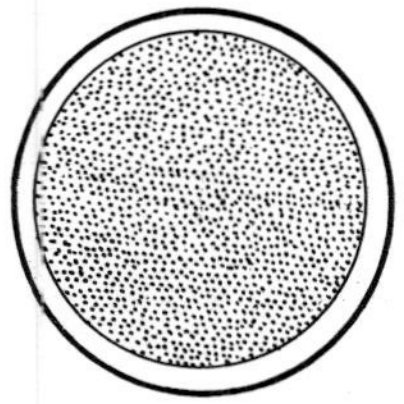

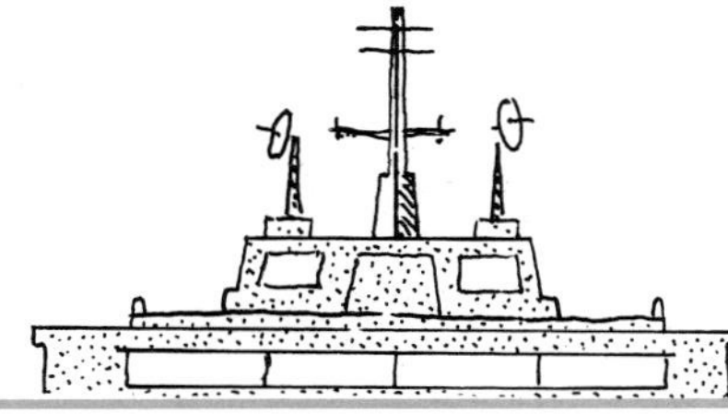

7.12.1941

____

____

____

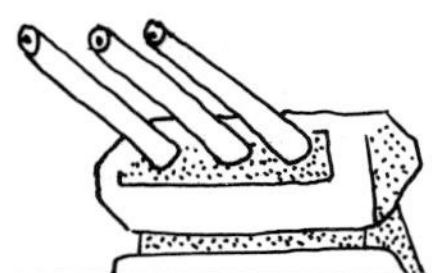

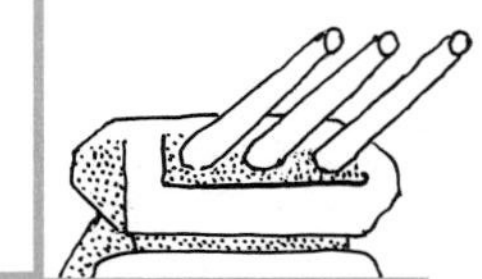

1942 ______________________

____

____

____

Juni 1942 ______________________

____

____

____

1943/44 ______________________

1945 ______________________

6./9.8.1945 ______________________

→ 2.9.1945 ______________________

USA

Jan. 1941 ______________________

____

____

Aug. 1941 ______________________

____

▼

____

____

____

____

____

____

▼

8.12. ______________________

____

Foto: Bildarchiv Preußischer Kulturbesitz, Berlin

Der totale Krieg

1942/43 Katastrophe von Stalingrad:

wachsende Kriegsmüdigkeit und Widerstand in der Bevölkerung

Jan. 1943 Konferenz von Casablanca:

Forderung der Alliierten nach bedingungsloser Kapitulation

18.2.1943

J. Goebbels Rede im Berliner Sportpalast: Ausrufung des „totalen Krieges“

Folgen

Einsatz aller Kräfte

- *Aufstellung des „Volkssturms“*
- *Frauen im Arbeits- und Kriegseinsatz*
- *brutale Ausbeutung der Zwangsarbeiter*

Zerstörung durch Luftkrieg

- *systematische Bombardierung der deutschen Städte (u. a. Hamburg, Würzburg, Dresden)*
- *Vernichtung von Industrieanlagen und Wohngebieten*
- *Demoralisierung der Bevölkerung*

„Krieg der verbrannten Erde“

- *Verwüstung der besetzten Gebiete beim Rückzug der Wehrmacht*
- *Hitlers „Nerobefehl“: geplante Zerstörung des Reichsgebiets*

Foto: Bildarchiv Preußischer Kulturbesitz, Berlin

Der totale Krieg

1942/43 Katastrophe von Stalingrad:

____

____

Jan. 1943 Konferenz von Casablanca:

____

____

18.2.1943

____

____

____

Folgen

Einsatz aller Kräfte

– ______________________________

– ______________________________

____

– ______________________________

____

____

Zerstörung durch Luftkrieg

– ______________________________

____

____

– ______________________________

____

– ______________________________

„Krieg der verbrannten Erde“

– ______________________________

____

– ______________________________

____

____

____

Widerstand im Dritten Reich

Ziele: *Beseitigung der NS-Diktatur*
Beendigung des Krieges
Wiederherstellung des Rechtsstaates und der Demokratie

Jugend
Studenten (z. B. „Weiße Rose“, Geschwister Scholl), Edelweiß-Piraten, Swing-Jugend

Kirche
nur einzelne Geistliche z. B. Alfred Delp, Rupert Mayer (katholisch), Dietrich Bonhoeffer, Martin Niemöller (evangelisch)

Mittel:
- *Attentat, Demonstration*
- *Pläne für demokratisches Nachkriegsdeutschland*
- *Flugblätter, Provokationen*
- *Predigten (Hirtenbriefe)*
- *Attentat, Putsch (Staatsstreich)*
- *Flugblätter, Sabotage, Spionage*

einzelne Personen
Georg Elser, Frauen der Rosenstraße

Parteien
vor allem Sozialdemokraten, Gewerkschaftler und Kommunisten („Rote Kapelle“)

gesellschaftliche Gruppen
„Kreisauer Kreis“ (Graf Moltke, C. Goerdeler), Zusammenarbeit mit militärischem Widerstand

Ergebnis: *Scheitern durch*
- *totale Überwachung und brutalen Terror des Regimes (KZ, Hinrichtung der Widerstandskämpfer)*
- *mangelnder Rückhalt und Unterstützung in Bevölkerung*

Wehrmacht
nach gescheiterten Anschlägen 20. Juli 1944 Attentat auf Hitler (hohe Offiziere, u. a. Graf Stauffenberg, L. Beck …)

Widerstand im Dritten Reich

Jugend

Ziele:

Kirche

Mittel:

–

–

–

–

–

–

einzelne Personen

Parteien

gesellschaftliche Gruppen

Ergebnis:

–

–

Wehrmacht

Die alliierten Kriegskonferenzen

August 1941: *Atlantik-Charta*
(Roosevelt, Churchill)
Vernichtung der nationalsozialistischen Tyrannei, Wiederherstellung des Friedens
- *Verzicht auf Gebietsgewinne*
- *Selbstbestimmungsrecht der Völker*
- *Leben in Freiheit, Sicherheit und Wohlstand*

Januar 1943: *Casablanca*
(Roosevelt, Churchill)
Ausmerzung des Kriegspotenzials, bedingungslose Kapitulation, Ausrottung der faschistischen Ideologien

Kriegswende, totaler Krieg

November 1943: *Teheran*
(Roosevelt, Churchill, Stalin)
sowjetischer Anspruch auf Ostpolen, Teilung Deutschlands in 2–5 Besatzungszonen

Invasion in der Normandie

Februar 1945: *Jalta*
Entschädigung Polens durch Gebiete im Westen (Ostdeutschland), Teilung Deutschlands in 3–4 Besatzungszonen, Herrschaft einer alliierten Militärregierung, Entnazifizierung, Entmilitarisierung, Reparationen

führt 1945 zur Gründung der
UNO (Weltfriedensorganisation)

Unterschiedliche Ziele
der USA: *Wiederherstellung der Demokratie*
und der UdSSR: *Verbreitung des Kommunismus*

Die alliierten Kriegskonferenzen

August 1941: ____________________

____

____

____

____

____

– ______________________________

____

– ______________________________

____

– ______________________________

____

____

Januar 1943: ________________

____

____

____

____

____

____

____

____

Kriegswende,totaler Krieg

November 1943: ____________

____

____

____

____

____

____

____

____

Invasion in der Normandie

Februar 1945: __________________

____

____

____

____

____

____

____

____

____

____

führt 1945 zur Gründung der

____

Unterschiedliche Ziele

der USA: ____

und der UdSSR: __________________________________

Der Zusammenbruch Deutschlands

Westfront

Juni 1944 *alliierte Invasion in der Normandie, Befreiung Frankreichs*

Dezember 1944 *Scheitern der deutschen Ardennenoffensive*

Zur Verteidigung der „Festung" Deutschland:

- *vergeblicher Einsatz von „Wunderwaffen" (V1, V2)*
- *sinnloser Kriegseinsatz des „Volkssturms"*
- *brutaler Terror gegen das eigene Volk (Hitlers „Nerobefehl")*

Ostfront

seit 1943 *Vormarsch der Roten Armee, Rückzug der Wehrmacht*

1944 *„Befreiung" der baltischen Staaten und Polens*

1944/45 *Eindringen in Ostdeutschland: Flucht der Zivilbevölkerung (Kriegsverbrechen)*

März 1945 *Besetzung Nord-, West- und Süddeutschlands*

30.4.1945 *Selbstmord Hitlers*

8./9.5.1945 Kapitulation der Wehrmacht

April/Mai 1945 *Schlacht um Berlin*

Der Zusammenbruch Deutschlands

Juni 1944 ______

Dezember 1944 ______

Zur Verteidigung der „Festung“ Deutschland:

– ______

– ______

– ______

seit 1943 ______

1944 ______

1944/45 ______

März 1945 ______

30.4.1945 ______

April/Mai 1945 ______

Flucht und Vertreibung

Verlauf

- *Angriffe der Roten Armee auf Flüchtlingstrecks (hohe Opfer)*
- *bei Ausweisung rascher Aufbruch, Verlust des Eigentums (nur Handgepäck), Misshandlungen, große Strapazen (Hunger, Krankheit, Tod)*

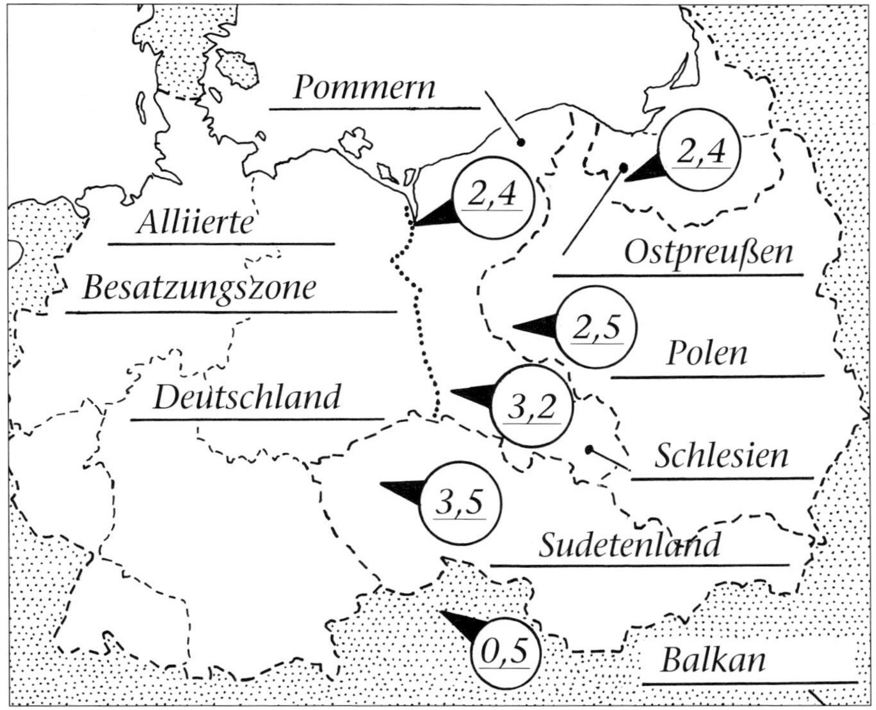

Ursachen

- *Flucht vor der Roten Armee: Angst vor Rache und Vergeltung (Ermordung, Verschleppung in Kriegsgefangenschaft)*
- *Vertreibung und Ausweisung nach Potsdamer Konferenz („Überführung in ordnungsgemäßer und humaner Weise" missachtet)*

insgesamt ca. 14 Millionen Flüchtlinge und Vertriebene (ca. 2,5 Millionen Tote), Aufnahme in den Besatzungszonen

- *Wohnungsnot*
- *Arbeitslosigkeit*
- *Hungersnot*

▶

- *(provisorische) Unterbringung in Lagern und Privatquartieren*
- *Rationierung von Lebensmitteln (Lebensmittelkarten), für den Schwarzmarkt keine Tauschwaren*

▶

trotz anfänglicher Konflikte mit einheimischer Bevölkerung geglückte Integration

Flucht und Vertreibung

Verlauf

– ____________________

– ____________________

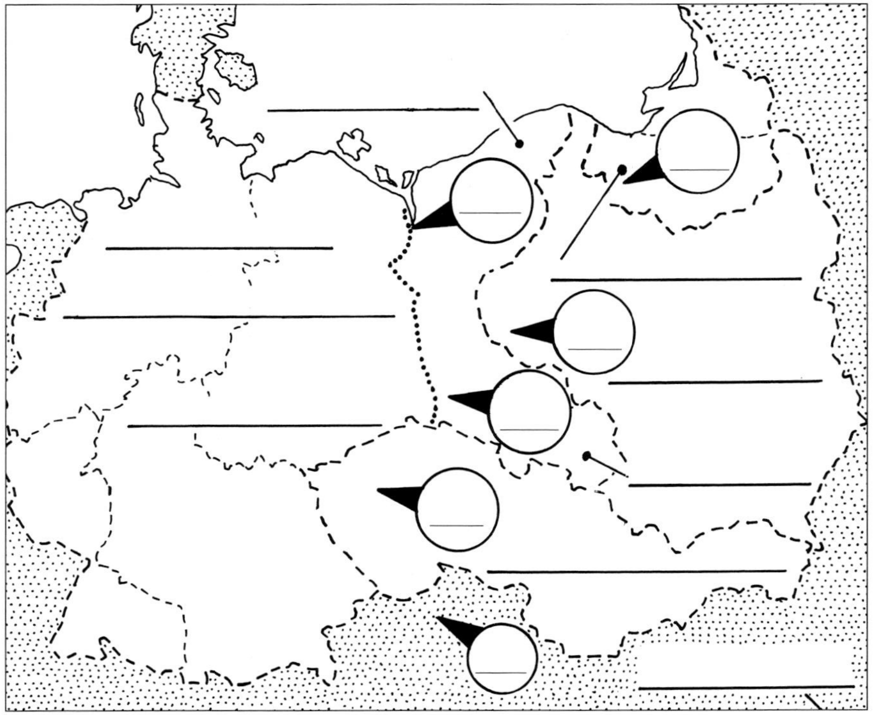

Ursachen

– ____________________

– ____________________

– ____________________
– ____________________
– ____________________

– ____________________
– ____________________

Nürnberger Prozesse und Entnazifizierung

Alliierte fordern *Ausrottung des Nationalsozialismus* durch ▶ *Entnazifizierung*

Hauptkriegsverbrecher:

Nürnberger Prozesse

- Angeklagte: *24 Personen, 6 NS-Organisationen*
- Anklagepunkte: *Verbrechen gegen den Frieden, Kriegsverbrechen, Verbrechen gegen die Menschlichkeit*
- Urteile: *12 Todesurteile, 7x Gefängnis, 3x Freispruch*
- *verschiedene Folgeprozesse in den vier Besatzungszonen*

Zivilbevölkerung:

- Grundlagen: *Potsdamer Abkommen*
- Umsetzung:
- *Personen über 18 Jahre*
  → Fragebogen
- *Reeducation*
- *Einrichtung von Spruch- und Berufungskammern*
  → Einstufung in 5 Kategorien
- Strafen: *Geldbußen, Verlust der Arbeitsstelle, Wahlverbot, Arbeitslager*

aber:

- *Personalmangel, Zeitdruck und Bürokratie der Alliierten machen die Entnazifizierung schwierig und langwierig*
- *Amnestien, Herabstufungen und „Persilscheine" entlasten viele Hauptschuldige*

Nürnberger Prozesse und Entnazifizierung

Alliierte fordern ______________________ durch ▶ ______________

Hauptkriegsverbrecher:

____

– Angeklagte: ______________________

____

– Anklagepunkte: ______________________

____

____

– Urteile: ______________________

____

– ______________________

____

Zivilbevölkerung:

– Grundlagen: ______________________

– Umsetzung:

– ______________________

____

– ______________________

– ______________________

____

____

– Strafen: ______________________

____

aber:

– ____

– ____